rororo

rororo sport
Herausgegeben von
Bernd Gottwald

Christian Faigle

Athletiktraining
Basketball DIE BESTEN
ÜBUNGEN

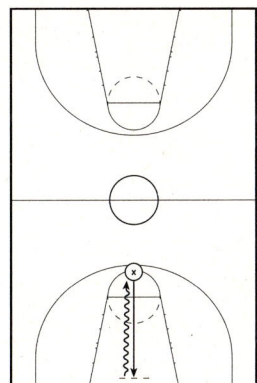

Mit Fotos von
Patrick Beier

Rowohlt Taschenbuch Verlag

Originalausgabe
Veröffentlicht im Rowohlt Taschenbuch
Verlag GmbH, Reinbek bei Hamburg,
August 2000
Copyright © 2000 by Rowohlt Taschenbuch
Verlag GmbH, Reinbek bei Hamburg
Redaktion Thorsten Krause
Fotos im Innenteil Patrick Beier
Umschlaggestaltung Büro Hamburg,
Susanne Reizlein (Foto: Patrick Beier)
Satz Syntax PostScript, QuarkXPress 4.04
Gesamtherstellung Clausen & Bosse, Leck
Printed in Germany
ISBN 3 499 19499 6

Inhalt

Vorwort von Bernd Röder

Im Basketball stellt sich immer wieder die Frage, wie wir die spielerischen Fähigkeiten junger Spieler verbessern und festigen können. Ein Teil des Weges führt über die richtigen Schwerpunkte im reinen Basketballtraining. Ein anderer Teil des Weges führt sicherlich über die Verbesserung der Athletik. Die Arbeit mit jungen Basketballern zeigt deutlich, welch hohen Stellenwert die Athletik im Basketball einnimmt.

Das Basketballspiel stellt komplexe Anforderungen an sehr große Menschen mit zum Teil extremen Körpermaßen. Dabei ist eine gute Athletik nicht nur zur Verletzungsvorbeugung notwendig, sondern auch in Bezug auf die sportartspezifischen Aufgaben: sprinten, passen, fangen, springen, abwehren, Spielsituationen lesen und angemessen handeln. Dies sind nur einige Eckpunkte des modernen Basketballspiels, eigentlich nicht schwieriger oder umfangreicher als im Handball, Volleyball oder Fußball. Nur sind im Basketball die Spieler schon in der Jugend teilweise über zwei Meter groß. Das macht die Athletik und den optimalen Umgang mit dem Körper so eminent wichtig.

Gut Basketball zu spielen und sich noch zu verbessern ist der Wunsch aller Spieler und Trainer. Dieses Buch versammelt fundierte Informationen, Beispiele und Anregungen für die Praxis. Die hier vorgestellten Übungen werden auch mit den Nationalmannschaftskadern durchgeführt. Sie sind optimal geeignet, um die individuelle Leistungsfähigkeit zu steigern und die Motivation am Spiel zu fördern. Allen Lesern wünsche ich viel Spaß beim Training mit diesem Buch!

Bernd Röder
Bundestrainer,
Deutscher Basketball Bund

Einführung

Dieses Buch richtet sich an Basketball-trainer und an ambitionierte Spieler, die sich auf dem Gebiet der Athletik verbessern wollen. Aber auch für Interessenten aus anderen Ballsportarten wie z. B. Handball oder Volleyball finden sich jede Menge nützlicher Hinweise und Tipps. Es ist ein Arbeitsbuch, in dem das Athletiktraining in einfachen Schritten und mit vielen anschaulichen Beispielen dargestellt wird. Wichtig: Die hier vorgestellten Übungen und Trainingsempfehlungen sind unverbindliche Vorschläge, die an die Trainingsgruppe und entsprechende Rahmenbedingungen flexibel angepasst werden können.

In diesem Buch werden die fünf Bereiche der Athletik – Flexibilität, Koordination, Schnelligkeit, Kraft und Ausdauer – behandelt. In den Einleitungen eines jeden Kapitels wird kurz und knapp die nötige Theorie zusammengefasst, um dann die eigentlichen Inhalte des Trainings vorzustellen. Den Schwerpunkt bildet hier vor allem die Beschreibung der Übungen selbst – denn hierauf kommt es in erster Linie an. Zum besseren Verständnis und zur genauen Anleitung sind die Bewegungen und ihre Verläufe in korrekter Ausführung auf der beiliegenden CD-ROM in Form kleiner Videosequenzen dargestellt.

Ich hoffe, dass dieses Buch allen Interessierten vielseitige Anregungen bietet, um das Training der Athletik effektiv, abwechslungsreich und vor allem auch motivierend zu gestalten. Viel Spaß und Erfolg damit!

Christian Faigle

Die CD-ROM

Mit der beiliegenden CD-ROM werden die Möglichkeiten der multimedialen Erweiterung des Mediums Buch genutzt. Das Ziel ist es, die Inhalte des Buches mittels Video- und Tonsequenzen zu unterstützen. Auf der CD sind ausgewählte Schwerpunkte nochmals verdeutlicht und vorgestellt. Immer, wenn Sie im Text des Buches das CD-ROM-Zeichen sehen ⏺, dann finden Sie die entsprechenden Inhalte zu dem Kapitel auch auf der CD-ROM (Inhaltsverzeichnis s. S. 172).

Systemvoraussetzungen
Um die CD-ROM optimal nutzen zu können, gelten die folgenden minimalen Systemvoraussetzungen: Pentium 133 Prozessor, 16 MB RAM, 5 MB freier Festplattenspeicher, SVGA-Grafikkarte (800 x 600), 24fach CD-ROM-Laufwerk, Soundkarte, Windows 95, 98 oder NT.

Installation
• Starten Sie Windows.
• Legen Sie die CD-ROM in das CD-ROM-Laufwerk.
• Wählen Sie das CD-ROM-Laufwerk aus.
• Starten Sie mit einem Doppelklick auf «setup.exe».
• Folgen Sie den Anweisungen auf dem Bildschirm.

Für die auf dieser CD-ROM enthaltenen Videosequenzen benötigen Sie den Video-Kompressor Intel Indeo 5.1. Falls Sie ihn noch nicht installiert haben, geben Sie unter «Start / Ausführen» den Befehl «X:\Indeo 5.1 setup.exe» ein (X steht für den Laufwerksbuchstaben Ihres CD-ROM-Laufwerks – setzen Sie also den entsprechenden Buchstaben ein). Indeo 5.1. wird dann eingerichtet.

Flexibilität

Grundlagen: Faktoren der Beweglichkeit

Flexibilität (Gelenkigkeit) bezeichnet den willkürlich möglichen Bewegungsbereich in einem oder mehreren Gelenken. Je größer dieser Bereich ausfällt, desto größer ist die Flexibilität. Der Zusatz *willkürlich* ist notwendig, weil unwillkürliche (reflektorische) und auch passive Bewegungen – im Extremfall unter Narkose – einen weiteren Bewegungsbereich ausfüllen können als willkürliche.

Für Trainer ist von Bedeutung, dass nur in wenigen Gelenken die maximale Reichweite muskulär begrenzt wird. Bei Einschränkungen der Beweglichkeit werden verschiedene, die Bewegung limitierende so genannte *leistungsbegrenzende Faktoren* unterschieden, die einzeln oder in Kombination mit anderen Faktoren wirksam werden können.

- Allgemein gilt, dass als leistungsbegrenzende Faktoren für die Flexibilität die *Gelenkstruktur*, der *Umfang der Muskelmasse*, die *Dehnfähigkeit von Muskeln, Sehnen, Bändern und Gelenkkapseln* sowie der *Haut* verantwortlich gemacht werden können.

- Eine *Temperaturerhöhung* (Warming-up) begünstigt die Flexibilität, eine Senkung beeinträchtigt sie.
- Bei *Frauen* wird im Vergleich zu *Männern* eine höhere Flexibilität beobachtet (Bindegewebe und angrenzende Strukturen sind pro organische Faser mit mehr Elasto-Filamenten durchzogen).
- In der frühen Kindheit ist die natürliche Flexibilität größer als beispielsweise im Alter von zehn bis zwölf Jahren. Nach dem dritten Lebensjahrzehnt beginnt sie alters- und auch übungsverlustbedingt abzunehmen.

Beweglichkeit ist als eine unbedingte Leistungsvoraussetzung für den Basketballer anzusehen, denn durch sie kann:
- die exakte *Bewegungsausführung* erst realisiert werden,
- die *Ausholbewegung* und der *Beschleunigungsweg* vergrößert werden,
- eine schnellere *Regeneration* erfolgen und
- eine *Verletzungsprophylaxe* erreicht werden.

Praxis: Übungen zur Dehnung und Tonisierung

Übungen zur Flexibilität sollten im Anschluss an eine allgemeine Erwärmung (Warming-up, Einlaufen) stattfinden. Es kann aber auch sinnvoll sein, den gesamten Warming-up-Block mit Dehnungsübungen zu unterbrechen, z. B.:
• 5 Minuten einlaufen mit Hopserlauf, Rückwärtslaufen, Armkreisen rückwärts, seitliches Überkreuzen usw.,
• 8–10 Minuten Gymnastik zur Flexibilität,
• 10–12 Minuten Koordination, basketballtypische Bewegungsabläufe, Korbleger usw.

Im Folgenden sind 9 Dehnübungen dargestellt, die mit den zugehörigen tonisierenden Übungen als unmittelbare Spiel- oder Trainingsvorbereitung gelten können. Die im Basketball besonders beanspruchten Muskelgruppen werden erst *gedehnt* und dann *tonisiert* (Tonus: Spannung). Der Grundgedanke ist, dass die durch die Dehnung erreichte Bewegungserweiterung gleich durch eine funktionell zugehörige Bewegung auf die kommende Belastungssituation vorbereitet wird.

Dazu ist anzumerken: Es wird zwar der Begriff der Tonisierung verwendet, aber durch die Kürze der Zeit sowohl bei der Dehnung als auch bei der anschließenden Belastung kommt es weder zu einer nennenswerten De-Tonisierung (Entspannung) noch zu einer signifikanten Tonisierung (Spannungssteigerung) der Muskulatur. Es wird damit vielmehr die neuro-muskuläre Einheit geschult. Das heißt: Es werden über das Zentralnervensystem bis hin zum «Erfolgsorgan» Muskel alle zu erwartenden Abläufe durchgespielt, ähnlich wie beim Probelauf vor einem großen Rennen.

Die Dauer der Dehnung ist abhängig vom Funktionszustand der Muskulatur. Sehr geschmeidige Muskulatur, die die Bewegung des Gelenks in eine endgradige Position zulässt, muss nicht unbedingt gedehnt werden. Wenig belastete und verkürzte (atrophe) Muskulatur sollte hingegen zwischen 15 und 60 Sekunden einem Dehnreiz ausgesetzt werden.

(1) Fußgelenk / kurze Wadenmuskulatur

Übungsbeschreibung Dehnung

Stützen an eine Wand, den rechten Fuß ein Stück von der Wand abstellen und das linke Knie und die linke Hüfte beugen. Das rechte Knie ebenfalls leicht beugen.

Wichtig: Linke Ferse bleibt am Boden, das linke Knie wird nicht gestreckt.

Dauer: 15–60 Sek. pro Wade (evtl. 2 Wiederholungen).

Übungsbeschreibung Tonisierung

«Schnelle Füße»: Schrittwechselsprünge, im Wechsel mit leichten Grätschsprüngen, in maximal schneller Ausführung. Hände an die Hüften, Zehen anziehen. Reaktives (schnelles) Abspringen aus den Sprunggelenken heraus, nicht über den Oberschenkel.

Anzahl: 20–30 Sprünge.

Anmerkung / Korrektur

Der Dehnungsreiz sollte nur an der Rückseite der gedehnten Wade zu spüren sein. Wenn es an der Vorderseite des Fußgelenks zieht, dann ist volle Beweglichkeit des Fußgelenks erreicht.

(2) Fußgelenk / lange Wadenmuskulatur

Übungsbeschreibung Dehnung

Stützen an eine Wand, den rechten Fuß mit gebeugtem Knie ein Stück von der Wand abstellen und das rechte Knie und die rechte Hüfte beugen. Das linke Bein ausgestreckt nach hinten bewegen, Knie und Hüfte mit dem Oberkörper in einer Linie strecken. Das Bein so weit nach hinten bewegen, dass die Ferse den Boden leicht berührt.

Wichtig:
• Kein Hohlkreuz machen, das Kinn nicht nach vorne schieben.
• Das linke Knie und / oder Hüfte nicht beugen!

Dauer: 15–60 Sek. pro Wade (evtl. 2 Wiederholungen).

Übungsbeschreibung Tonisierung

«Springen aus der Wade»: Hände an die Hüften nehmen, hüftbreiter Stand, dann Seilsprungimitation, wobei die Zehen jeweils in der Luft zum Schienbein angezogen werden. Die Sprünge sollten deutlich nur aus dem unteren Sprunggelenk ausgeführt werden, nicht aus den Oberschenkeln.

Anzahl: 20–30 Sprünge.

Alternativ: Quivern (in einer tiefen Defense-Position maximal schnell auf der Stelle treten), etwa 5 Sek., dann auf Klatschkommando aus der tiefen Defense-Position ein Sprung. Nach der Landung weiter mit Quivern.

Anzahl: 15 Wiederholungen.

Anmerkung / Korrektur

• Der Dehnungsreiz sollte nur an der Rückseite der gedehnten Wade zu spüren sein. Wenn es an der Vorderseite des Fußgelenks zieht, dann ist volle Beweglichkeit des Fußgelenks erreicht.
• Diese Übung ist wichtig für Personen, die zu Wadenkrämpfen neigen.
• Die linke Ferse wird langsam und stufenweise nach hinten geführt.

(3) Oberschenkelvorderseite (Quatrizeps)

Übungsbeschreibung Dehnung

Seitenlage, das linke Bein wird mit der unteren Hand fixiert, das rechte, zu dehnende Bein wird im Sprunggelenk umfasst und langsam nach hinten gedehnt. Die Hüfte kann dabei nicht ausweichen, der Dehnungseffekt ist hier am effektivsten.

Dauer: 15–60 Sek. pro Oberschenkel (evtl. 2 Wiederholungen).

Wichtig:

- Kein Hohlkreuz!
- Das Becken wird nach hinten gekippt (d. h., der untere Teil des Bauches wird zum Bauchnabel gezogen).
- Das untere Bein muss fixiert werden.
- Der obere Beckenknochen darf nicht nach vorne oder hinten ausweichen.
- Der Rücken darf in den Lenden nicht zur Seite gedreht werden.

Übungsbeschreibung Tonisierung

«Sprünge aus der Kniebeuge»: Ausgansposition ist die 90-Grad-Kniebeuge. Die Hände liegen an den Hüften. Ohne Auftaktbewegung wird nun versucht, maximal nach oben zu springen, die Zehen ziehen zum Schienbein. Bei der Landung ein deutliches «Durchsacken» des Gesäßes. Hier wird die Landeenergie kompensiert. Danach wieder in die Ausgangsposition zurückkommen.

Anzahl: 10–15 Sprünge.

Alternativ: Quivern (in einer tiefen Defense-Position maximal schnell auf der Stelle treten), etwa 5 Sek., dann auf Klatschkommando aus der Deep-Defense-Position ein Sprung. Nach der Landung weiter mit Quivern.

Anzahl: 15 Wiederholungen.

Anmerkung / Korrektur

Diese Muskulatur ist bei fast jedem Menschen verkürzt. Bei dieser Übung muss besonders auf die korrekte Ausführung geachtet werden, weil sich viele Fehler einschleichen können.

(4) Oberschenkelrückseite (Ischiis)

Übungsbeschreibung Dehnung

Rückenlage, das linke Bein bis auf die Brust anziehen und dort fixieren. Das rechte Bein bleibt ausgestreckt und mit Bodenkontakt liegen. Nun das linke Bein zur Decke hin ausstrecken, dabei in der Fixierung etwas nachgeben.

Dauer: 15–60 Sek. pro Oberschenkel (evtl. 2 Wiederholungen).

Wichtig:

• Das untere Bein bleibt am Boden.
• Die Fußspitzen anziehen.
• Der Kopf kann leicht angehoben werden.

Übungsbeschreibung Tonisierung

«Anfersen»: Aus dem leichten Traben heraus die Ferse in Richtung Gesäß führen. Möglichst explosives Anfersen.

Anzahl: 20–30 Wiederholungen für beide Beine (z. B. Grundlinie – Grundlinie und zurück).

(5) Oberschenkelinnenseite (Adduktoren)

Übungsbeschreibung Dehnung

Aufrechter Sitz (möglichst an einer Wand), Fußsohlen aneinander gestellt (Fußsohlensitz), Knie zeigen nach außen. Unter Beibehaltung der aufrechten Haltung nun die Knie vorsichtig in Richtung Boden drücken.

Dauer: 15–60 Sek. pro Oberschenkel (evtl. 2 Wiederholungen).

Übungsbeschreibung Tonisierung

«Hampelmann»: Hampelmannsprünge mit Betonung der Sprünge nach *innen:* schnell nach innen und langsam hoch nach außen.

Wichtig: Die Sprünge sollten hoch und sauber ausgeführt werden.

Anzahl: 15–20 Sprünge.

Anmerkung / Korrektur

Alternativ: Abgewandelter Vierfüßlerstand: Die Unterschenkel liegen auf dem Boden, die Winkelstellung zwischen Unterschenkeln und Oberschenkeln beträgt 90 Grad. Von den Unterarmen ausgehend nun das Becken vorsichtig nach hinten schieben. Auf umgekehrtem Wege die Übung beenden!

Dauer: 15–60 Sek. pro Oberschenkel (evtl. 2 Wiederholungen).

①

②

Alternativ: Abgewandelter Vierfüßlerstand

(6) Oberschenkelaußenseite (Abduktoren)

Übungsbeschreibung Dehnung

Aufrechter Sitz, das rechte Bein an die Knieaußenseite des linken Beines stellen und mit dem linken Arm fixieren. Der Kopf dreht nach rechts.

Wichtig:
• Das untere Bein muss gerade liegen!
• Der Oberkörper soll verdreht werden!
Dauer: 15–60 Sek. pro Seite (evtl. 2 Wiederholungen).

Übungsbeschreibung Tonisierung

«*Hampelmann*»: Hampelmannsprünge mit einer Betonung der Sprünge nach *außen:* schnell nach innen und langsam hoch nach außen.

Wichtig: Die Sprünge sollten hoch und sauber ausgeführt werden.
Anzahl: 15–20 Sprünge.

Anmerkung / Korrektur

Alternativ: Abgewinkeltes Bein: Die Position kann verändert werden, indem das gestreckte rechte Bein angewinkelt wird. Nun wird das Knie des rechten Beines umfasst, die aufrechte Sitzposition gesucht und das linke Becken bei bewusster Ausatmung zum Boden hin abgelassen.

Wichtig: Die Ferse darf nicht zu nah am Gesäß liegen!

Alternativ: Abgewinkeltes Bein

(7) Oberschenkel / Hüftbeuger (Iliopsoas)

Übungsbeschreibung Dehnung

Mit dem rechten Bein auf weichem Untergrund (Kissen, Handtuch, Matte) knien. Den linken Fuß deutlich über 90 Grad vorne auf dem Boden aufstellen. Hüfte und Knie gebeugt halten. Becken vorschieben, rechten Fuß und Unterschenkel leicht nach außen drehen, Oberkörper nach links beugen.

Wichtig:
• Das Becken nicht nach vorne drehen oder kippen.
• Kein Hohlkreuz zulassen!
• In den Lenden nicht drehen!
• Darauf achten, dass das rechte Knie nicht zu stark belastet wird.
• Die rechte Hüfte genügend strecken.

Dauer: 15–60 Sek. pro Seite (evtl. 2 Wiederholungen).

Übungsbeschreibung Tonisierung

«Kniehebelauf / hohe Skippings»: Aus dem Fußballen heraus hohe Skippings. Dabei groß bleiben, leichte Vorlage behalten.

Wichtig:
• Oberkörper nicht nach hinten legen.
• Standbein nicht abwinkeln.
Anzahl: 15–20 Skippings.

(8) Oberarmrückseite (Trizeps)

Übungsbeschreibung Dehnung

Der linke Ellenbogen zeigt zur Decke, die rechte Hand umfasst den Ellenbogen und zieht ihn leicht nach hinten. Die Hand des linken Armes liegt locker am Rücken an.

Wichtig:

- Der Körper wird gerade gehalten.
- Den linken Ellenbogen nicht nach vorne ziehen.
- Kopf ruhig und gerade halten.

Dauer: 15–60 Sek. pro Seite (evtl. 2 Wiederholungen).

Übungsbeschreibung Tonisierung

«Doppelarmkreisen»: Beide Arme kreisen nach hinten, beide Füße stehen hüftbreit und parallel am Boden. Der Schwung der Arme unterstützt bei jeder Umdrehung einen Absprung vom Boden.

Anzahl: 20–30 Wiederholungen.

Anmerkung / Korrektur

Die Übung kann auch sitzend oder frei stehend ausgeführt werden.

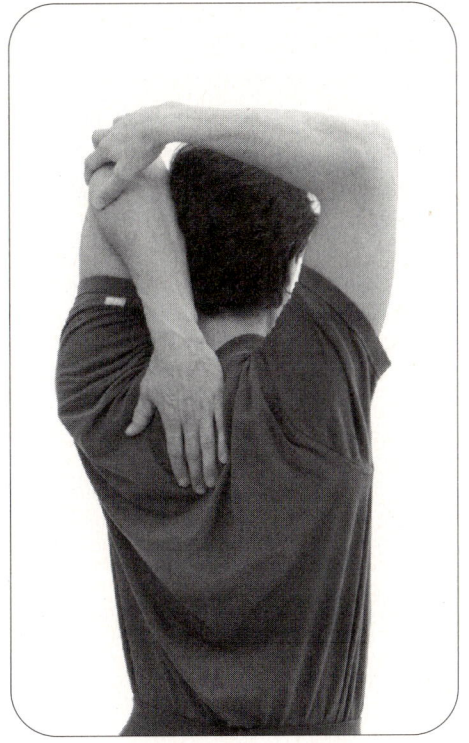

(9) Brustmuskel (Pectoralis)

Übungsbeschreibung Dehnung

Bauchlage, rechten Arm um 90 Grad
im Ellenbogengelenk anwinkeln und
um 90 Grad zum Rumpf auf der Unterlage ablegen. Mit dem rechten
Oberarm den vollen Kontakt zur Unterlage beibehalten, während die linke
Schulter maximal vom Boden abhebt.
Der linke Arm unterstützt die Bewegung. Der Kopf wird zur linken Seite
gedreht.

Wichtig:
- Die Beckenknochen behalten immer Kontakt zum Boden.
- Der rechte Ellenbogen muss abgewinkelt sein!

Dauer: 15–60 Sek. pro Oberarm
(evtl. 2 Wiederholungen).

Anmerkung / Korrektur

Die Übung kann auch frei stehend an
einer Wand ausgeführt werden.

Übungsbeschreibung Tonisierung

«Liegestütz»: Langsame Liegestütze,
saubere Ausführung, 2–3 Sek. in
tiefster Position verharren, explosiv
nach oben drücken.

Anzahl: 10–30 Wiederholungen.

Koordination und Schnelligkeit

Grundlagen: Nerven- und Muskelsystem

Die *neurologischen* (das Nervensystem betreffenden) und *anatomischen* (den Körperbau betreffenden) Voraussetzungen für die Koordination des Basketballspielers bildet die «mitgebrachte» Veranlagung als Ausgangsniveau bzw. Nullpunkt. Die Voraussetzungen lassen sich durch Training verbessern und an ein gefordertes Leistungsniveau anpassen.

Ein Satz aus der Trainingstheorie der Sprinter lautet: «Sprinter werden geboren, nicht gemacht.» Das stimmt nicht ganz! Der Sportler bringt ererbte Voraussetzungen mit, verbindet diese aber mit seinen Vorerfahrungen und seinem erworbenen «Bewegungsschatz». Er kann ein *guter Umsetzer* oder auch ein *schlechter Verwerter* seiner Möglichkeiten sein. Das heißt unter Umständen: Wenn der Sportler die vererbten Veranlagungen brachliegen lässt, verschenkt er einen großen Anteil seines Leistungsvermögens. Dies gilt auch für Basketballer.

«Was Hänschen nicht lernt, lernt Hans nimmer mehr», lautet ein weiterer Satz aus dem Trainingsalltag. Das Gegenteil ist der Fall: Man lernt ständig und mit jeder Bewegungsausführung dazu!

Nervensystem

Die Darstellung der Funktionsweise des Zentralnervensystems (ZNS) ist wichtig für das Thema der Koordination, weil hier die Verarbeitung von Reizen – auch motorischen Reizen – stattfindet. Das Nervensystem steuert als übergeordnete Zentrale die Lebensvorgänge, vor allem jede Art von Bewegung. Es ist das am weitesten differenzierte Organsystem im menschlichen Körper, mit der schwierigen Aufgabe, alle Teile des Körpers zu verbinden, aufeinander abzustimmen, zu einem funktionierenden Ganzen zusammenzuführen und ununterbrochen eine innige Beziehung zwischen Außen- und Innenwelt herzustellen.

Das Nervensystem ist in drei sich funktionell ergänzende Hauptabschnitte zu unterteilen: das zentrale, das periphere (willkürlich im Körper) und das vegetative (unwillkürlich im Körper) Nervensystem. Das zentrale Nervensystem im Gehirn erhält durch das periphere Nervensystem im Körper Informationen aus der Umwelt (Sinnesorgane werden erregt durch Licht, Temperatur oder Berührung). Das vegetative Nervensystem gibt dem zentralen Nervensystem Mitteilungen aus der Innenwelt des Organismus und informiert über die Lage und die Haltung des Körpers und seiner Teile.

Nervensystem	Bestandteile
Das zentrale Nervensystem	• Gehirn • Rückenmark
Das periphere Nervensystem	• Nervenfasern • Nerven- oder Ganglienzellen
Das vegetative Nervensystem	• Sympathicus • Parasymphathicus (Vagus)

Übersicht: Die drei Hauptabschnitte des Nervensystems

Das Gehirn, das zentrale Nervensystem, liegt körpergeographisch nicht im Zentrum des Körpers. Die Verarbeitung der Reize mit den dazugehörigen Reaktionen geschieht aber im Wesentlichen dort. Aufgrund der Komplexität der Vorgänge im zentralen Nervensystem beschreiben die Autoren Rieder / Lehnertz den Sportler als «sporttechnisches System» (1991,121 ff.). Die ineinander spielenden Vorgänge im Zentralnervensystem und dessen Verknüpfungen mit den anderen Hirnregionen (Groß- / Kleinhirn) beschreiben sie modellhaft als die Funktionsbereiche *Denkhirn*, *Antriebs-* und *Empfindungshirn* sowie *Bewegungshirn*. Im komplexen Sportspiel Basketball werden alle Funktionsbereiche benötigt.

Im Basketball müssen Jugendliche oder heranwachsende Basketballspieler sich mit stetig veränderten Hebellängen der Arme und Beine auseinander setzen. Das Anforderungsprofil ist gänzlich entgegengesetzt zu den sich ständig entwickelnden Körpermaßen. Gerade hier, in der Verbesserung des Zusammenspiels von:
• *Gehirn* und Spielsituation und Ballbehandlung,
• *Armen* und Ball, Block, Schwung,
• *Beinen* und Laufen, Stoppen, Springen,
liegt das größte Potential zur Verbesserung der basketballerischen Spielfähigkeit. Hier sind alle drei Bereiche des Nervensystems von entscheidender Bedeutung.

Nervenzellen und ihr Aufbau

Die Grundeinheit des Nervengewebes ist die Nervenzelle, die in der grauen Substanz des Gehirns und des Rückenmarks, in den Kopf- und Spinalganglien, in den Ganglien des

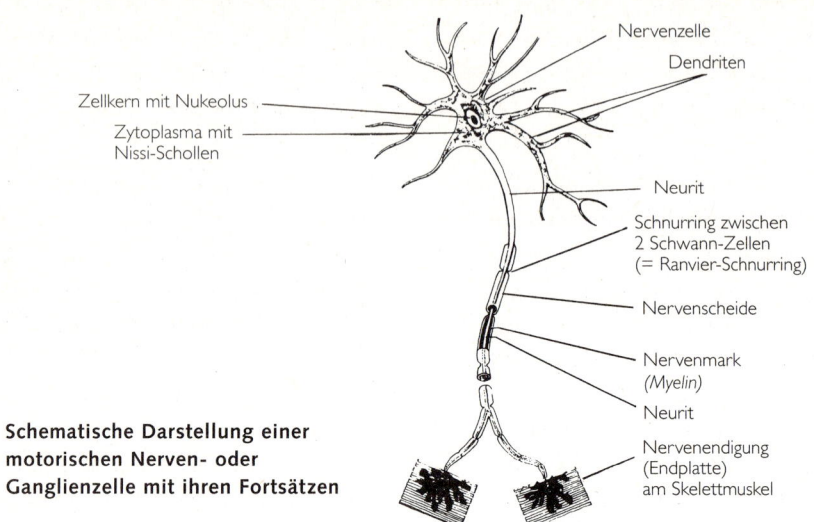

Nervenzelle
Dendriten

Zellkern mit Nukeolus

Zytoplasma mit
Nissi-Schollen

Neurit

Schnurring zwischen
2 Schwann-Zellen
(= Ranvier-Schnurring)

Nervenscheide

Nervenmark
(Myelin)

Neurit

Nervenendigung
(Endplatte)
am Skelettmuskel

**Schematische Darstellung einer
motorischen Nerven- oder
Ganglienzelle mit ihren Fortsätzen**

vegetativen Nervensystems und in den Sinnesorganen in außerordentlich hoher Zahl vorkommt (allein in der Großhirnrinde befinden sich etwa 10 bis 14 Milliarden Nervenzellen). Die große Menge resultiert aus der Tatsache, dass diese Zellen nach der Geburt nicht mehr ergänzt werden können. Zum Zeitpunkt der Geburt liegt also bereits die Gesamtheit aller Nervenzellen vor. Jede zerstörte oder getötete Nervenzelle ist irreversibel und irreparabel zerstört.

Die runden oder sternförmigen großen Nervenzellen (Neuronen) liegen zumeist in Form von Gruppen oder Knoten (Ganglien) beieinander – man bezeichnet sie auch als Ganglienzellen. Eine Ganglienzelle bildet eine reagierende Nerveneinheit, die für die Reizbildung, -leitung, -umschaltung, -sammlung und -verarbeitung verant-

wortlich ist. Die kürzeren Fortsätze einer Ganglienzelle (Dendriten) nehmen die Erregung auf (Rezeption). Dazu befinden sich an ihrer Oberfläche zwischen 100 und 10 000 Synapsen-Kontaktstellen. Von jeder Ganglienzelle geht ein oder gehen mehrere, die Erregung leitende, zum Teil sehr lange Fortsätze (Neuriten) ab. Sie bilden den Leistungsapparat der Nervenzelle.

Eine annähernde Vorstellung von der Ausdehnung des nervösen Leitungsnetzes entsteht, wenn man davon ausgeht, dass jede der 10 bis 14 Milliarden Nervenzellen des menschlichen Gehirns mit ihren Ausläufern eine Gesamtlänge von etwa 4 cm hat, woraus sich bei einer Aneinanderreihung der Neuronen eine Gesamtlänge aller Nervenleitungen von gut 480 000 km (Entfernung Erde – Mond: 384 000 km) ergibt. Dabei sind die Zellen des Rückenmarks mit ihren langen Neuriten sowie Dendriten noch nicht berücksichtigt.

Intra- und intermuskuläre Koordination

Die Aktivierung der Nervenzellen ist eine zentrale Voraussetzung der sportlichen Leistung.

Durch Training erwirbt der Basketballer die Fähigkeit, mehr motorische Einheiten eines Muskels gleichzeitig aktivieren und damit kontrahieren zu können. Man spricht von einer Verbesserung der *intramuskulären Koordination:* Im Gegensatz zu untrainierten Personen, die nur einen gewissen Prozentsatz ihrer aktivierbaren Muskelfasern gleichzeitig zum Einsatz bringen können, ist bei trainierten der Anteil der synchron kontrahierten (sich zusammenziehenden) Muskelfasern – und damit auch die Gesamtkraft des Muskels – bedeutend höher und kann bis zu 100 Prozent der vorgegebenen Möglichkeit erreichen (Bührle / Schmidtbleicher 1981, 265). Dies wird zusammengefasst in den Begriffen *Rekrutierung* und *Frequentierung:* Je mehr Fasern bei einer gezielten muskulären Tätigkeit miteinander arbeiten (Rekrutierung) und sich in dieser Arbeit «ablösen» können (Frequentierung), desto optimaler können die Fähigkeiten dieses Muskels genutzt werden. Damit die Muskeltätigkeit auch im Zusammenwirken mehrerer Muskeln, der *intermuskulären Koordination,* die notwendige Strukturierung erhält, bedarf es der Interaktion zahlreicher Steuermechanismen des zentralen Nervensystems.

Die Aufgaben des zentralen Nervensystems unterteilen sich in folgende Teilbereiche:
• Erstellung von Bewegungsprogrammen,
• räumlich-zeitliche Gliederung und
• Kontrolle und Abstimmung der Muskeltätigkeit auf situative Notwendigkeiten mittels peripherer Rückmeldeinformationen über die Analysatoren.

Die Realisierung einer sportlichen Bewegung geschieht durch eine Vielzahl verschiedener Gehirnstrukturen, die im Laufe der Entwicklungsgeschichte des Menschen eine Art hierarchische Gliederung erfahren haben. Je nachdem, ob es sich um eine bewusste oder unbewusste, eine einfache oder komplexe Bewegung handelt, werden höhere oder tiefere Steuerinstanzen mit der Regulierung des Bewegungsablaufes beauftragt.

Ein Basketballer kann bei den komplexen Bewegungsabläufen seiner Sportart einige Teile automatisch ausführen (z. B. Laufen), andere Teile erfordern hohe Konzentration in Bezug auf ihre Ausführung und ihr Zusammenspiel. Diese sportartspezifischen Bewegungsformen sind bis zu einem gewissen Grad trainierbar.

Funktionelle Muskelschlingen

Bis hierher ging es vor allem um die neuronalen Voraussetzungen für die muskuläre Tätigkeit. Die einzelnen Muskeln verrichten die Arbeit. Um eine Bewegung zielgerichtet zu vollziehen, werden mehrere Muskeln, Muskelgruppen, eingesetzt.

Der muskuläre *Agonist* (Arbeiter / Spieler) und der dazugehörige *Antagonist* (Gegenspieler) werden über das neuronale Netz gemeinsam (synergistisch) erregt. Das Prinzip (vereinfacht): Während sich der Agonist zusammenzieht, gibt der Antagonist nach, um die Bewegung zuzulassen. Durch die Mithilfe weiterer *benachbarter Muskeln* entsteht eine runde Bewegung. Die sich zu gemeinsamem Handeln zusammenschließenden Muskelgruppen werden als *Muskelschlingen* bezeichnet – nur gemeinsam gewährleisten sie einen reibungslosen ökonomischen und ästhetischen Bewegungsablauf. Die Annahme, dass jeder Muskel aufgrund seines Ursprungs und Ansatzes eine nur ihm zukommende Aufgabe verrichtet, trifft daher nur bedingt zu. Die Funktion eines Muskels wird entscheidend von der jeweiligen Muskelgruppen-Verbindung (und dazu auch noch den eingelagerten Knochen und Gelenken) bestimmt und ist demzufolge häufig Änderungen unterworfen.

Das Bein z. B. stützt beim Stehen und stemmt beim Gehen. Bei jedem Bein ist eine Phase des Schwingens von der Bodenberührung zu unterscheiden, wobei bei der Bodenberührung wiederum eine Phase des Schiebens und eine Phase des Ziehens zu unterscheiden ist. Hier ist von den beteiligten Muskelgruppen durchweg unterschiedliche Arbeit erforderlich.

Verbesserung der Koordination

Von den ersten Anfängen der koordinierten Bewegung bis zur optimal entwickelten Koordination komplexer Bewegungen führt ein langer Weg des *wiederholten Übens*. Auf diesem Weg durchläuft der Athlet nach Hollmann (Schorndorf 1990) vier Stadien.
1. Stadium: Bildhafte Vorstellung in der Hirnrinde des Anfängers, abgeleitet von der theoretischen Erklärung und praktischen Demonstration des betreffenden Bewegungsablaufes (mentales Üben).
2. Stadium: Eigene Erfahrungen im Bewegungsablauf mit entsprechender Ausbreitung der Reizprozesse.
3. Stadium: Ausschaltung von überflüssigen Mitbewegungen fremder Muskelgruppen (Synergisten).

4. Stadium: Automatisierung und damit Stabilisierung der Koordination (Ausbildung eines motorisch-dynamischen Stereotyps) mit optimaler intra- und intermuskulärer Koordination.

Das Ziel einer Koordinationsverbesserung für einen sportartspezifischen Bewegungsablauf muss das Einschleifen eines optimalen Musters sein. Autoren aus der ehemaligen Sowjetunion bezeichnen diesen Zustand als motorisch-dynamisches Stereotyp. Man kann ihn definieren als zeitlich-räumlich identische Wiederholung eines gegebenen Bewegungsablaufes. Das setzt den Einsatz identischer motorischer Einheiten mit einer konstanten Impulsfrequenz voraus.

Leistungsbegrenzende Faktoren

Spricht man von den grundlegenden Zielen der Verbesserung der koordinativen Bewegungsschulung, so darf man die leistungsbegrenzenden Faktoren nicht aus den Augen lassen.

Ein leistungsbegrenzender Faktor ist der zeitliche Ablauf der Bewegungsentscheidung oder, wie es Hollmann / Hettinger (1980) nennen, die «Geschwindigkeit des Entscheidungsprozesses».

Ein weiterer leistungsbegrenzender Faktor ist die Fähigkeit oder, besser, die Unfähigkeit des gedanklichen Vorwegnehmens (Antizipierens) der variierenden Aufgabenstellungen. Ein Spieler muss sich in einem Spiel den ständig wechselnden Situationen bestmöglich anpassen können. Nicht nur das Einschleifen eines optimalen motorisch-dynamischen Stereotyps sollte also im Vordergrund eines Trainings stehen, sondern die Förderung des kompletten Bewegungsschatzes des Spielers, um ihn nicht vor einer unvorhergesehenen Situation scheitern zu lassen.

Diese Punkte gelten prinzipiell für alle Bewegungsvorgänge, lediglich das Optimum der Zahl der Bewegungswiederholung ist sportartspezifisch und individuell unterschiedlich. Als wesentlich erscheint für das Training der Befund, dass beim Überschreiten einer bestimmten Zahl der Übungsbewegungen pro Trainingstag der Übungseffekt nicht weiter ansteigt, sondern abfällt. Die Ursache dürfte eine beginnende Ermüdung sein, welche die Koordination beeinträchtigt. Ermüdung ist identisch mit einem vermehrten Einsatz von «Helfermuskulatur» (Synergisten), die üblicherweise für die Bewegung nicht benötigt wird. Damit kann aber kein motorisch-dynamisches Stereotyp mehr eingeschliffen werden. Die Konsequenz: Niemals sollte im ermüdeten Zustand ein sportartspezifisches Koordinationsprogramm durchgeführt werden.

Beobachtung, Analyse, Korrektur

Ein Lehrsatz von Rieder (1990) lautet: «Die Psychologie der Korrektur ist so wichtig wie die fachliche Richtigkeit!» Das Absolvieren von Koordinationseinheiten und Technikschulungen ohne Beobachtung oder Korrektur ist so überflüssig wie gefährlich. Es soll doch ein sportartspezifischer Bewegungsablauf in den tieferen Schichten des Bewusstseins verankert werden, sodass dem Sportler Raum für andere, zeitgleich ablaufende, womöglich variable Geschehnisse bleibt. Die Ausführung eines bestimmten Bewegungskomplexes soll also keinen großen Abrufweg mehr benötigen. Verankerte falsche Bewegungen sind Hemmfaktoren in der weiteren Entwicklung und ziehen einen hohen zeitlichen Aufwand in der Korrektur nach sich. Es ist schwieriger, einmal erlernte Bewegungen zu verändern, als einen neuen Bewegungsablauf zu erlernen.

Die *Korrektur* von Bewegungen enthält die objektiven Anteile einer Bewegungsanalyse und die daraus resultierenden subjektiven Daten. Es gibt somit eine große Zahl von Rückkoppelungen und Rückmeldungen, die man unter dem Prinzip sehen muss, dass Korrektur und Kritik helfen, aufbauen und kräftigen sollen und nicht demütigen oder zerstören dürfen.

Die *Analyse* einer Bewegung und ihrer Ausführung basiert auf einer *Be-wegungsbeobachtung*. Daraus ergibt sich eine Ursachenanalyse, die Abweichungen oder Fehler bestimmt und, eingebunden in die psychische Lernsituation, in die *Korrektur* mündet.

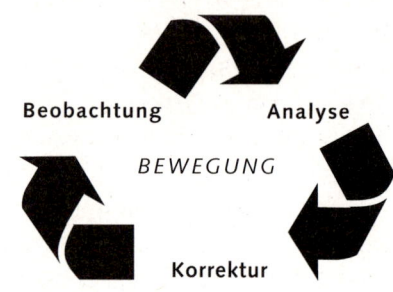

Beobachtung   Analyse

BEWEGUNG

Korrektur

Regelkreis der Korrektur

Beobachten

Ein Trainer muss lernen zu beobachten. Er wird sich dieser Entwicklung im Verlauf des Heranwachsens seiner Spieler kaum erwehren können. Bewegungslernen bedeutet auch auf Seiten des Spielers, durch ein Üben des Beobachtens ein immer klareres Bild von der «richtigen» Bewegung zu entwickeln und Abweichungen davon schneller erkennen zu können.

Das Üben des Beobachtens bedeutet für Trainer und Spieler, dass in der gleichen Zeit mehr Informationen aufgenommen werden können, dass die Genauigkeit der Wahrnehmung steigt, dass die wichtigsten Phasen und Knotenpunkte mit erhöhter Aufmerksamkeit verfolgt werden und im Kurz-/

Langzeitgedächtnis auch noch nach 25 Sekunden präsent bleiben.

Hier ist zur Unterstützung das Arbeiten mit Video und anschließendem Feedback (innerhalb von 30–60 Sek.) für den Spieler sehr hilfreich. In Slow-Motion-Einstellungen können hier kleinste Fehler in der Bewegung erkannt werden. Einfache Markierungen am Hintergrund (Wand o. Ä.) oder am Spieler selbst (Trikot o. Ä.) veranschaulichen Symmetrie und Amplituden sehr genau. Die genaue Vorstellung der Zielbewegung wird über die Videoaufnahme visualisiert und damit sehr gut vermittelt.

Analysieren

Nach dem Beobachten, vor dem Korrigieren, steht das Analysieren oder Erkennen von so genannten Fehlern. Es stellt sich die Frage, was Fehler sind. Sie lassen sich grob klassifizieren.

• Verminderte oder zu hohe Dynamik: Bewegungsabläufe sind zu langsam oder zu hastig.

• Gestörtes Bewegungstiming: Die Übertragung einer Bewegung von den Beinen über den Rumpf auf die Arme (Kupplung) ist empfindlich gestört.

• Fehlende Bewegungsakzente: Dynamik und Timing sind noch nicht auf die Knotenpunkte, die Hauptfunktionsphase der Bewegung, zentriert.

• Schwächen beim Zeitschema und der dynamischen Struktur: Die Rhythmisierung einer Bewegung oder ihre

Eingliederung in eine Gruppenausführung funktioniert nicht. Dieses Problem ist bei zyklischen und azyklischen Bewegungsabläufen aktuell.

Korrigieren

Den abschließenden Punkt bildet die Korrektur der Fehler. Hierbei soll der Weg von der Fremdkorrektur (Trainer / Beobachter) zur Selbstkorrektur und zur Übereinstimmung beider Korrekturen führen. Allerdings müssen einige Grundregeln beachtet werden:

• Korrekturen müssen einsichtig sein, sonst sind sie wertlos.

• Korrekturen müssen einen möglichst hohen Grad an Informationen besitzen, also möglichst akustisch, visuell und taktil gleichzeitig gegeben werden.

• Nur die wichtigsten Fehler sollen angesprochen werden, oft nur ein Fehler (der Hauptfehler, wenn es ihn gibt). Sie können im Gespräch erarbeitet und verarbeitet werden.

• Die Gesamtkorrektur muss richtig, vollständig, verstehbar und motivierend sein. Sie gibt das Ergebnis der Eindrucksanalyse wieder. Die Gesamtkorrektur ist ein selten eingesetztes Mittel im Übungsprozess, sie kommt einer Bilanz gleich, die nur nach mehreren Einheiten zu ziehen ist.

• Das Aufzeigen einer Ursachenkette erhöht die Einsicht.

Noch einmal Rieder (1990) im Zitat: «Der Weg des Bewegungslernens ist meist langwierig und mühsam. Korrekturen sind ständig nötig. Rückschläge, Stagnationen und Plateaubildungen bleiben nicht aus und erfordern eine eigene Methodik und besonders sorgfältige Analysen und Planungen. Wenn die Aufmerksamkeit auf einen Teil einer Bewegung konzentriert wird, misslingen schon erlernte andere wieder. Eine Korrektur, die ankommen will und verstanden werden soll, muss mit der Innenansicht des Sportlers übereinstimmen und seinem Aufnahmeniveau entsprechen.»

Die nachfolgenden Programme zum Training von Koordination und Schnelligkeit bieten eine vielfältige Auswahl für unterschiedliche Zielgruppen und Altersklassen. *Tipp:* Die Programme, die mit dem CD-ROM-Symbol [CD] gekennzeichnet sind, werden auf der beiliegenden CD-ROM im Video-Clip vorgestellt.

Überblick: Möglichkeiten der Koordinationsschulung

Ziele koordinativen Trainings
- Verbesserung der Lauftechnik
- Entwicklung der Fußgelenkkraft, Sprungkraft
- Koordinationsschulung von Augen, Händen, Füßen
- Vorbereitung auf Sprintbewegungen, schnelle Antritte, Wechselsprints usw.

Variationen koordinativer Übungen
- Veränderung der Frequenz
- Veränderung der Geschwindigkeit
- Veränderung der Bewegungsamplituden
- Übungen auch rückwärts durchführen
- Übungen, wenn möglich, mit Ball durchführen
- Bewegungsverbindungen: Kombination von verschiedenen Aufgaben oder Variationen in Frequenz, Geschwindigkeit oder der Bewegungsamplitude

Anmerkungen, Korrekturen
- Zusammenspiel von Armen und Beinen, Armpendeln
- Korrekte Beinachse
- Lockere Bewegungen
- Aktive Fußgelenkarbeit

Praxis:
Übungsformen Koordination

Koordinationsprogramme ohne Hilfsmittel 🆑

Laufformen

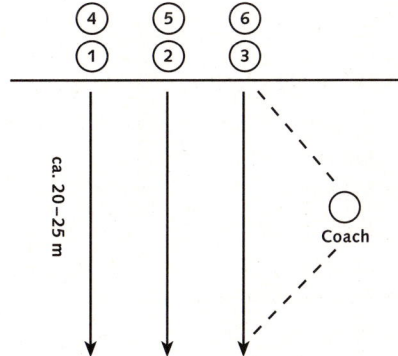

Übungsbeschreibung
Länge einer Bahn etwa 20–25 m. Der Trainer kann die Übungsstrecke gut einsehen. Die Spieler stellen sich in drei Reihen auf. Am Ende der Bahn 5–8 Schritte in lockerem Trab weiterlaufen – nicht abrupt abstoppen! Auf Ansage des Trainers verschiedene Aufgaben ausführen (s. u.). Dann zurückgehen zur Startlinie.

Anmerkung
15–20 m laufen (wenn möglich barfuß) auf Rasen oder weichem Untergrund vor einem Schnelligkeitstraining ist immer ein Training der Koordination im Sinne einer Bahnung neuronaler und muskulärer Strukturen.

Übung	Beschreibung	Anmerkung / Korrektur
FGL (Fußgelenklauf)	Laufen auf dem Ballen, federnder Schritt, leichte, lockere Bewegung, kurze Bodenkontaktzeiten, später den Fußaufsatz «ziehend» realisieren	Bewegung sollte im Sprunggelenk stattfinden, Variationen siehe Koordinationsprogramme 1–3
SKP (Skipping)	Laufen mit Kniehub und Armeinsatz nicht zu hoch, Oberkörper aufrecht, Fuß zum Schienbein ziehen	Kurze Bodenkontaktzeiten, Oberkörperhaltung
HKL (Hoher Kniehebelauf)	Laufen mit Kniehub und Armeinsatz sehr hoch, Becken nicht kippen, Oberkörper aufrecht	Kniehub hoch, Standbein gestreckt, Oberkörperhaltung
SPL (Sprunglauf)	Laufen mit weiten Schrittsprüngen und Oberkörpervorlage, hinteres Bein gestreckt, Armführung gerade, Fußaufsatz auf dem Ballen	Kniehub, hinteres Bein, Armeinsatz, Fußaufsatz, Oberkörperhaltung
HS (Hot Step)	Im Wechsel mit einem Bein abspringen und mit beiden Füßen parallel landen, Armführung über Augenhöhe	Kniehub, Armeinsatz, paralleler Fußaufsatz

Übersicht: Laufformen

Koordinationsprogramm (1)

Anzahl: Je Übung 3–5 Wiederholungen.

- Hopserlauf
- Hopserlauf mit Armkreisen rückwärts
- FGL mit gestreckten Beinen, Boden unter sich wegziehen (evtl. auf Höhe)
- FGL aus dem Sprunggelenk
- Leichtes SKP in lockerer Ausführung, Knie nicht zu tief
- SKP mit Frequenzänderung
- SKP rückwärts

Koordinationsprogramm (2)

Anzahl: Je Übung 3–5 Wiederholungen.

- FGL mit gestreckten Beinen, Boden unter sich wegziehen
- FGL aus dem Sprunggelenk
- FGL mit Frequenzerhöhung, herauslaufen
- Leichtes SKP mit lockerer Ausführung, Knie nicht zu tief
- SKP mit Frequenzänderung, Tempo beibehalten und herauslaufen
- SKP rückwärts, vorwärts und dann

herauslaufen mit schnellem Ballen-
drucklauf
- Übergänge von FGL zu SKP, beschleunigen durch Oberkörpervorlage,
heraussprinten

Koordinationsprogramm (3)

Anzahl: Je Übung 3–5 Wiederholun-
gen.
- Hopserlauf
- Hopserlauf mit deutlich überhöh-
tem Knie
- HS mit normaler Knie- und Arm-
führung
- HS aus dem FGL heraus, schnell
und kurz
- HS mit hohem Knie und Armein-
satz, beschleunigen, herauslaufen
- FGL mit gestreckten Beinen, Boden
unter dem Körper wegziehen
- FGL aus dem Sprunggelenk

Koordinationsprogramm (4)

Anzahl: Je Übung 3–5 Wiederholungen.
- Laufen, stoppen (Ballannahme
und -abgabe – mit Partner), laufen
(im Quadrat)
- Laufen, stoppen, Hampelmann
(max. 5 x), laufen (im Quadrat)
- 2 Schritte laufen, Ausfallschritt zum
Ball, 2 Schritte laufen (kleines Quadrat)

Koordinationsprogramme mit Hilfsmitteln ⓒⒹ

Hilfsmittel: Blocks® (Schaumstoffblöcke).

Koordinationsprogramm (5)

12–15 Blocks im Abstand von 80 cm
als Hürden aufstellen:
- 3–5 x überlaufen in hohem Tempo,
aber auf dem Fußballen, zurücktraben
- 3–5 x überlaufen mit hohem Kniehub, dann mit hohem Hackenhub,
zurücktraben
- 3–5 x überlaufen seitlich mit hohem Tempo und hohem Kniehub,
zurücktraben

Koordinationsprogramm (6)

12–15 Blocks im Abstand von 6 Fuß
(Fuß an Fuß, etwa 1,60 m) aufstellen:
- 5–10 x schnell überlaufen mit
gerader, hoher Knieführung, zurücktraben
- 4–6 x je zwei Kontakte auf dem
Ballen zwischen den Hürden, zurücktraben

Koordinationsprogramm (7)

8–10 Blocks im Abstand von 9 Fuß
(etwa 2,40 m) aufstellen:
- 8–10 x schnell überlaufen, ein
Kontakt zwischen den Hürden,
zurücktraben

Praxis:
Übungsformen Schnelligkeit

Leichtathletisches Sprint-/Schnelligkeitstraining

Hier handelt es sich um leichtathletische Übungen zum Sprint und zur Schnelligkeit, die direkt aus den Koordinationsprogrammen heraus eingesetzt werden können. Es gilt:
- Sprinttraining beginnt im Kopf und nicht in den Beinen!
- Sprinttraining erfordert volle Konzentration, es darf nicht halbherzig ausgeführt werden!

Sprint-/Schnelligkeitsserien
- 3–5 Reaktions- und Ablaufübungen auf max. 20 m Länge.
- 5–10 Serien: 15–20 Maximalsprints auf optischen Reiz, Ballannahme und Korbleger
- 2–3 Serien: 8 Sprints über 15 m, zurücktraben, zwischen den Serien 10 Freiwürfe
- Reine Sprintserien:
  - 5 Serien: 20 m – 40 m – 60 m – 40 m – 20 m, Laufpausen sind Gehpausen, Pause zwischen den Serien je 3 Min.
  - 3 Serien: 20 m – 3 x 40 m –

2 x 60 m – 2 x 20 m, Laufpausen sind Gehpausen, Pause zwischen den Serien 2 Min., 4 Min., 2 Min.
  - 10 Bogensprints über 25 m mit Ballannahme.
- Ballsprints als Staffellauf

Sprint-/Schnelligkeitsprogramm (1)
- 5 x 30 m Steigerungslauf
- 5 x 50 m Sprint aus dem Stand von einer Startlinie (akustisches Signal)
- 3 x 30 m fliegende Sprints
Laufpausen sind Gehpausen!

Sprint-/Schnelligkeitsprogramm (2)
- 5 x 30 m Steigerungslauf
- 3 Serien: 20 m – 40 m – 60 m – 40 m – 20 m mit Trabpause, Pause zwischen den Serien je 3 Min.

Sprint-/Schnelligkeitsprogramm (3)
- 5 x 30 m Steigerungslauf
- 10 x 30 m fliegende Sprints mit Trabpause

Basketballspezifisches Sprint-/Schnelligkeitstraining

Verschiedene Sprints

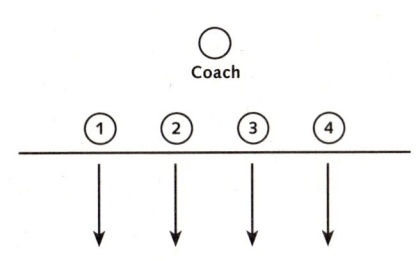

Übungsbeschreibung

Die Gruppe wird in 4 bis max. 6 gleich starke Spieler aufgeteilt, der Trainer steht hinter den Spielern. Auf sein Signal führen sie Liniensprints von der Grundlinie aus, etwa 15 m in das Feld, aus verschiedenen Ausgangslagen (Bauchlage, Rückenlage, Fallstarts usw.).

Anzahl: 8–10 Sprints, Pausen: zurückgehen.

Deep-Defense-Reaktion zu allen Seiten

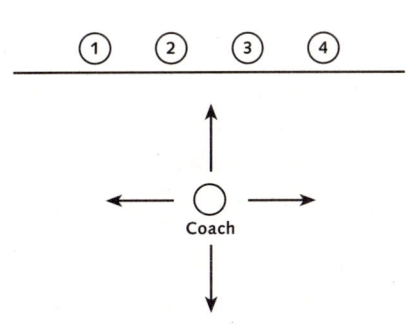

Übungsbeschreibung

Der Trainer steht den Spielern gegenüber. Die Spieler befinden sich in der *Deep-Defense-Position.* Auf ein Zeichen hin springen die Spieler maximal schnell jeweils um 90 Grad in die gezeigte Richtung und sofort wieder zurück. Zeigt der Trainer zu den Spielern, so vollführen diese eine 180-Grad-Drehung und zwei Ausfallschritte in diese Richtung. Danach wieder schnellstmöglich zurückgleiten und 180-Grad-Drehung in die Ausgangsposition. Zeigt der Trainer in seine Richtung, müssen die Spieler zwei maximal schnelle Ausfallschritte nach vorne machen und dann in die Ausgangsposition zurückkehren.

Anzahl: 5–8 Wiederholungen, nach jeweils 8–12 Positionswechseln erfolgt eine kurze Pause von 20–30 Sek.

Liniensprints aus der Deep-Defense-Position

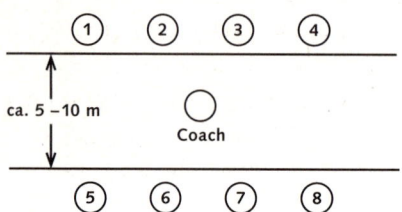

ca. 5–10 m

Coach

Übungsbeschreibung

Entfernung der Linien 5–10 m (Grundlinie und Aufschlaglinie von einem Volleyballfeld). Die Spieler stehen in einer Deep-Defense-Position quivernd (in einer tiefen Defense-Position maximal schnell auf der Stelle tretend) mit dem Gesicht zum Trainer an der ersten Linie. Auf ein optisches Signal hin (Ball berührt Boden) müssen sich die Spieler umdrehen und zur zweiten Linie sprinten. Dort nehmen sie die Deep-Defense-Position wieder auf.

Anzahl: 8–15 Wiederholungen.

Variation 1: Der Trainer steht im Rücken der Spieler zwischen den Linien und prellt den Ball als Startsignal laut auf den Boden. Wenn sich die Spieler umdrehen und zur zweiten Linie sprinten, stellt der Trainer bei einem Spieler zusätzlich einen harten Block. Der Spieler muss reagieren, antreten, abrollen und aus dem Sprint wieder die Deep-Defense-Position einnehmen.

Variation 2: An beiden Linien steht sich eine gleiche Anzahl von Spielern gegenüber. Sie stehen alle in der Deep-Defense-Position und quivern mit dem Rücken zur Mitte. Der Trainer gibt durch das Prellen des Balles das Kommando zum Sprint. Alle Spieler müssen nun ihre Position auf der anderen Seite

wieder finden. Der Trainer kann auch hier zusätzlich noch einen Block stellen.

Variation 3: Ausgangssituation wie bei Variation 2, aber nicht der Trainer gibt das Startsignal, sondern immer ein wechselnder Spieler. Der Trainer gibt jeweils schnell und verdeckt einem Spieler den Ball. Dieser Spieler prellt den Ball und sprintet wie oben mit den anderen Spielern mit. Der Ball bleibt liegen. Der Trainer kann auch hier zusätzlich noch einen Block stellen.

Anmerkung

Bei diesen Formen der Liniensprints wird die Antrittsschnelligkeit mit der Koordination verbunden.

«Caprara-Sprint-Programm» (modifiziert nach Faigle)

Dies ist ein sehr anspruchsvolles Sprintprogramm, das bei gut trainierten Spielern im Anschluss an eine Trainingseinheit sehr effektiv durchgeführt werden kann. Der Schwerpunkt eines solchen Programms liegt eindeutig in der Quantität der Sprintleistung, aber auch spielnahe Situationen werden hier provoziert. Zu beachten:

- Die Intensität der Sprints sollte bei 80 Prozent der Sprintleistung liegen.
- Nach jedem Satz erfolgt eine Pause von 2 Min.

Übungsbeschreibung

Die Trainingsgruppe in zwei gleichstarke Gruppen teilen. Die erste Gruppe steht an der Grundlinie und bekommt die erste Wiederholung des ersten Satzes als Aufgabe: Sprint 80 Prozent von der Grundlinie zur 3-Punkte-Linie und zurück, dann Sprint zur Mittellinie und Backpedal zurück. Die zweite Gruppe beginnt mit der gleichen Aufgabe, wenn der letzte Spieler der ersten Gruppe über die Grundlinie gelaufen ist. Die erste Gruppe hat Pause, bis der letzte Spieler der zweiten Gruppe fertig ist. Weiter mit der zweiten Wiederholung des ersten Satzes. Und so weiter bis zum Ende des Satzes. Dann haben alle Spieler 2 Min. Pause.

	Satz 1	Satz 2	Satz 3	Satz 4	Satz 5	Satz 6
Wieder-holungen 1	3 P Mitt Back	3 P 3 P Sli	3 P 3 P Back	3 P 3 P Sli	3 P Mitt Back	3 P 3 P Sli
Wieder-holungen 2	Opp 3 P Sre	3 P 3 P Sre	3 P Mitt Back	3 P 3 P Sre	3 P 3 P Sli	3 P 3 P Back
Wieder-holungen 3	3 P 3 P Sli	Opp Mitt	3 P Opp 3 P Skip	3 P 3 P Back	3 P 3 P Sre	3 P Mitt Back
Wieder-holungen 4	Mitt Back Mitt 3 P Back	3 P Sli 3 P Sre Mitt Back	Mitt Mitt Skip	Mitt Mitt Skip Opp	3 P 3 P Back	3 P Opp 3 P Skip
Wieder-holungen 5	3 P Sli 3 P Sre Mitt Back	3 P Opp 3 P Skip	3 P Sli 3 P Sre Mitt Back	3 P Opp 3 P Skip	Mitt Mitt Skip Opp	3 P 3 P Sre
Wieder-holungen 6	3 P Opp 3 P Skip	Mitt Mitt Skip Opp	3 P Opp 3 P Skip	3 P Sli 3 P Sre Mitt Back	3 P Opp 3 P Skip	Mitt Mitt Skip Opp

Erklärungen

3 P	Sprint zur 3-Punkte-Linie und zurück
3 P Back	Sprint zur 3-Punkte-Linie und Backpedal zurück
3 P Sli	Sprint zur 3-Punkte-Linie und Sidesteps links zurück
3 P Sre	Sprint zur 3-Punkte-Linie und Sidesteps rechts zurück
3 P Skip	Skippings zur 3-Punkte-Linie und zurücksprinten
Mitt Skip	Sprint zur Mittellinie und Skippings zurück
Mitt Back	Sprint zur Mittellinie und Back-pedal zurück
Mitt	Sprint zur Mittellinie und zurück
Opp	Sprint zur gegenüberliegenden Grundlinie (Opposite Baseline) und zurück

Übersicht: Aufgaben im «Caprara-Sprint-Programm»

= Jugendbereich: bis zu 4 Serien à 4 Wiederholungen

= Junioren, Liga: bis zu 5 Serien à 5 Wiederholungen

= NBA, Nationalmannschaft: Kom-plettes Programm sollte möglich sein

Seitliche Schnelligkeit

Hier werden fünf Möglichkeiten für Übungsformen zur Verbesserung der seitlichen Schnelligkeit und Beschleunigung vorgestellt. Jeder Drill sollte mit einer entsprechenden plyometrischen Sprungkraftübung beginnen (s. Abschnitt Sprungkraft, S. 128).

(1) Zonen-Gleiten

Übungsbeschreibung
Startpunkt in einer Ecke Freiwurfraum / Grundlinie, Sprint zur Ecke Freiwurflinie, Sidestep-Gleiten entlang der Freiwurflinie, Defense zur Ecke Freiwurfraum / Grundlinie, Sidestep-Gleiten entlang der Grundlinie zum Start. Seitenwechsel für die Sidesteps.

Dauer: 5 x 4 komplette Runden, Pausen je 60 Sek.

Danach: Plyometrics (1), s. S. 130, 5 x 10 Wiederholungen, Pausen je 90 Sek.

Anmerkung / Korrektur
Bewegung schnell und harmonisch, Blick nach vorne gerichtet.

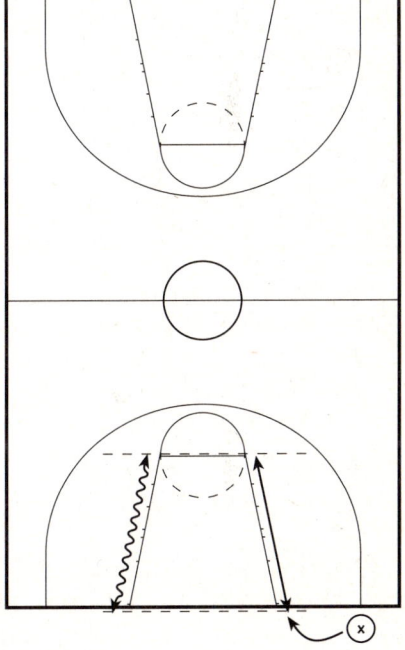

(2) Z-Drill

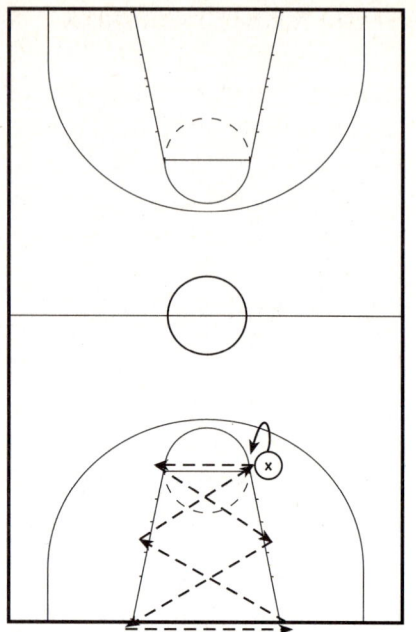

Übungsbeschreibung

Startpunkt in einer Ecke der Freiwurflinie, Sidesteps entlang der Freiwurfline
zur anderen Ecke, Dropstep (rückwärti-
ger Sternschritt) und Sidestep diagonal
zur dicken Linie der neutralen Zone,
Dropstep und Gleiten zur Ecke Freiwurfraum / Grundlinie, Dropstep und
Sidestep entlang der Grundlinie zur
nächsten Ecke Freiwurfraum / Grundlinie, Sternschritt vorwärts und Sidestep
zur dicken Linie der neutralen Zone,
Sternschritt vorwärts und Gleiten zur
Ausgangsposition zurück.

Dauer: 8 x etwa 25 Sek., Pausen je
60 Sek.

Danach: Plyometrics (3), s. S. 134,
3 x 8 Wiederholungen pro Seite, Pausen
je 120 Sek.

Anmerkung / Korrektur

Knie beugen, Oberkörper aufrecht, Bewegung schnell und harmonisch.

(3) Tip-Drill

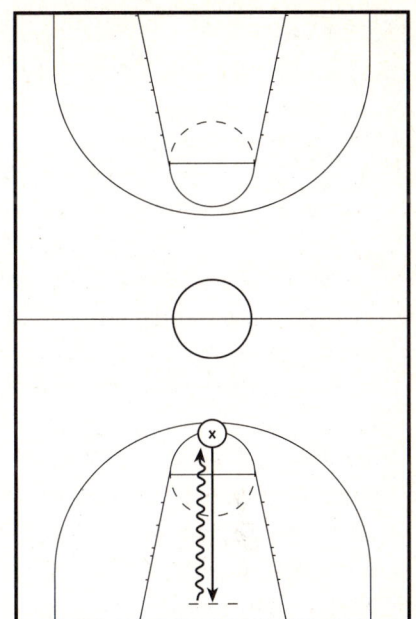

Übungsbeschreibung

Startpunkt hinter der Freiwurflinie, Lauf zum Korb, mit beiden Händen seitlich über Korbhöhe an das Brett lippen, nach der Landung Lauf in Defense-Haltung rückwärts zur Ausgangsposition zurück.

Dauer: 5 x 60 Sek. (etwa 30 Wiederholungen), Pausen je 120 Sek.

Danach: Plyometrics (2), s. S. 132, 4 x 30 Wiederholungen, Pausen je 90 Sek.

(4) Corner-Drill

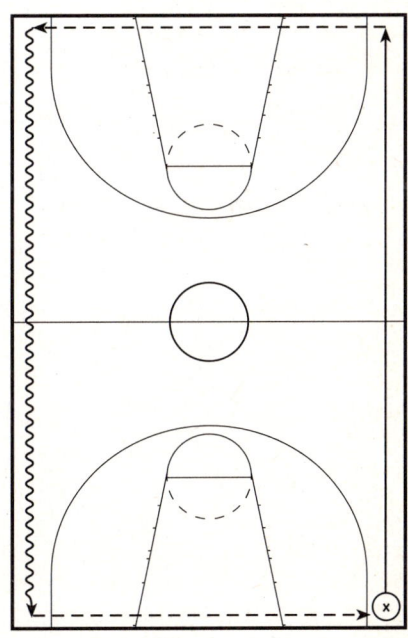

Übungsbeschreibung

Startpunkt in einer Spielfeldecke, Sprint zur gegenüberliegenden Grundlinie, Sidestep-Gleiten entlang der Grundlinie zur Ecke, Backpedal zur Ausgangsgrundlinie, dann zum Startpunkt Sidesteps. In die Ausgangsposition zurück.

Dauer: 8 x 30 Sek., Pausen je 90 Sek.

Danach: Plyometrics (4), s. S. 136, 4 x 10 Wiederholungen, Pausen je 90 Sek.

Anmerkung / Korrektur

Knie beugen, Oberkörper aufrecht, Bewegungen schnell und harmonisch.

(5) Sidestep-Drill

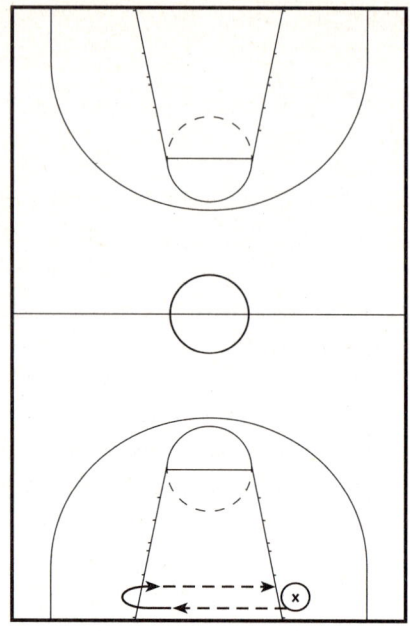

Übungsbeschreibung
Startpunkt ist eine Ecke der Freiwurflinie mit einem Fuß außerhalb der Zone und mit einem T-Shirt in der Hand.
Weite, schnelle Sidesteps zur anderen
Ecke der Freiwurflinie, T-Shirt austau-
schen mit dem dort vorher deponier-
ten, zurückgleiten und wieder tau-
schen.

Dauer: 5 x 60 Sek. (etwa 20 Wiederholungen), Pausen je 120 Sek.

Danach: Plyometrics (5), s. S. 138,
4 x 10 Wiederholungen, Pausen je
120 Sek.

Körperstabilisation

Grundlagen:
Athletik und Stabilität

Um kräftiger und schneller zu sein als die Gegenspieler, setzen viele junge Basketballer auf ein Krafttraining. Es muss jedoch klar gesagt werden, dass es im Bereich des Krafttrainings sehr viele «Fallen» gibt. An dieser Stelle soll das große Thema Krafttraining für den Bereich Basketball vereinfacht und praktikabel dargestellt werden.

Das Verhältnis von Kraft und Körpergewicht errechnet die *relative Kraft*. Bei körperlich großen Spielern ist die relative Kraft weniger vorteilhaft als bei kleineren Spielern. Das heißt, es besteht ein ungünstigeres Verhältnis zwischen Muskelmasse und Körpergewicht. Am ehesten spiegelt sich dies in körperlichen Fehlhaltungen großer Menschen wider. Bei höheren Kräften, die von außen auf diese Körper einwirken, wie bei einem Krafttraining, sind Schäden und Verletzungen dann nicht mehr zu vermeiden. Das Zauberwort heißt *Körperstabilisation*. Es wird ein Muskelkorsett auftrainiert, das körperlichen Dysbalancen vorbeugt und eine optimale Vorbereitung für das Krafttraining bietet.

Eine Schlüsselrolle bei den körperstabilisierenden Übungen nimmt das *Becken* ein. Das Becken ist das Verbindungsglied der unteren Extremitäten mit dem Rumpf. Basketball ist ein Laufspiel, bei dem die Beherrschung des Balles unter vielfältigster Belastung im Vordergrund steht. Die das Becken umgebende Bauch- und Rückenmuskulatur muss für eine stabile Beckenstellung sorgen. Die bei vielen Bewegungen erforderliche Spannung und Stabilität im Beckenbereich kann nur durch ein starkes Rumpfkorsett gewährleistet werden.

Ein Krafttraining verschlechtert nicht die basketballerischen Fähigkeiten, sondern ermöglicht eine verbesserte und erhöhte körperliche Bereitschaft, alle Fertigkeiten optimal einzusetzen.

Hier werden 11 ausgewählte körperstabilisierende Übungen für Basketballer gezeigt – natürlich gibt es noch viele weitere Übungen im Bereich der Kräftigung (s. S. 82ff., 128ff.).

Tipp: Die Übungen, die mit dem CD-ROM-Symbol 💿 gekennzeichnet sind, werden auf der beiliegenden CD-ROM im Video-Clip vorgestellt.

Praxis:
Körperstabilisierende Übungen

(1) Gerade Bauchmuskulatur

Übungsbeschreibung

In der *Ausgangsstellung* liegt der Spieler auf dem Boden, die untere Lendenwirbelsäule berührt den Untergrund. Bei einem Zirkel oder längerem Üben empfiehlt es sich, eine weiche Matte unterzulegen. Die Hände werden seitlich an die Schläfen, den Nacken oder die Ohren gelegt, um ein Ziehen am Hinterkopf zu vermeiden. Die Ellenbogen zeigen in Richtung Decke. Die Oberschenkel bilden mit dem Rumpf einen 90-Grad-Winkel – so wird der Hüftbeuger weitestgehend aus der Übung ausgeschlossen. Die Zehen sind zum Schienbein hin angezogen. Dadurch wird eine Muskelspannung von den Großzehen bis zum Gesäßmuskel erreicht. Nun zieht der Oberkörper langsam und gleichmäßig nach oben, nur ein wenig. Die *Endstellung* ist erreicht, wenn die Schultern den Boden verlassen haben und die Ellenbogen zur Decke zeigen. Die Lendenwirbelsäule berührt weiterhin den Boden! Der Oberkörper soll die Unterlage so weit wie möglich verlassen.

Anzahl: 3 – 5 Serien à 20 – 40 Wiederholungen, Pausen je 3 Min. – es empfiehlt sich, in der Pause eine Rückenübung oder ein leichtes Stretching einzubauen.

Anmerkung / Korrektur

- Nicht zu schnell, sauber ausführen.
- Eine Wiederholung ist beendet, wenn der Hinterkopf wieder den Boden berührt (exzentrische Bewegung).
- Die Beine und Füße sollen den 90-Grad-Winkel über die gesamte Übungsdauer beibehalten, die Beine sollen sich nicht bewegen.
- Die Ellenbogen ziehen *nicht* zu den Knien, sondern zur Decke!
- Keine Pressatmung, sondern ausatmen, wenn die Belastung am größten ist.

Diese Übung für die gerade Bauchmuskulatur ist eine Basisübung, auf der die weiteren Bauchübungen aufbauen.

1

2

(2) Schräge Bauchmuskulatur

Übungsbeschreibung

Die *Ausgangsstellung* ist dieselbe wie bei der vorherigen Übung, allerdings mit einer alternativen Haltung der Beine: Sie sind angestellt, die Hacken drücken in die Unterlage, die Zehen zeigen zur Decke. Auch hier berührt die Lendenwirbelsäule den Untergrund. Es soll ebenfalls ein Ziehen am Hinterkopf vermieden werden, daher berühren die Hände seitlich die Schläfen, den Nacken oder die Ohren. Die Ellenbogen zeigen in Richtung Decke. Der Oberkörper wird nun vom Boden abgehoben, sodass der rechte / linke Ellenbogen zum diagonal gegenüberliegenden Knie zieht. Die *Endstellung* ist erreicht, wenn die Schultern den Boden verlassen haben und der Ellenbogen zum diagonalen Knie zeigt. Die Lendenwirbelsäule berührt weiterhin den Boden. Der Oberkörper soll dabei so weit wie möglich die Unterlage in Richtung diagonales Knie verlassen.

Anzahl: 3–5 Serien à 15–30 Wiederholungen je Seite, Pausen je 3 Min. – es empfiehlt sich, in der Pause eine Rückenübung oder ein leichtes Stretching einzubauen.

Anmerkung / Korrektur

• Nicht zu schnell, sauber ausführen.
• Eine Wiederholung ist beendet, wenn der Hinterkopf wieder den Boden berührt (exzentrische Bewegung).
• Den Druck der Hacken in den Untergrund während der gesamten Übungsdauer nicht aufgeben.
• Die Ellenbogen bewegen sich zu den Knien hin, nicht umgekehrt.
• Die Ellenbogen sollen die Knie nicht berühren.
• Keine Pressatmung, sondern ausatmen, wenn die Belastung am größten ist.

(3) Schräge Bauchmuskulatur

Übungsbeschreibung

Die *Ausgangsstellung* ist die Seitenlage, die Beine liegen in einer leichten Schrittstellung. Der obere Arm ist am Hinterkopf fixiert, der untere Arm liegt auf der Unterlage, die Hand ist an der Hüfte oder Brust. Der Hüftpunkt zeigt direkt zur Decke und sollte während der Übung auch nicht nach vorne oder hinten ausweichen. Der Oberkörper wird nun seitlich angehoben. Die *Endstellung* ist erreicht, wenn die untere Schulter den Boden verlassen hat, der obere Ellenbogen zeigt dabei zur Decke. Der Oberkörper soll nur so weit die Unterlage verlassen, bis die untere Schulter frei ist.

Anzahl: 3–5 Serien à 15–20 Wiederholungen je Seite, Pausen je 3 Min. – es empfiehlt sich, in der Pause eine Rückenübung oder ein leichtes Stretching einzubauen.

Anmerkung / Korrektur

- Nicht zu schnell, sauber ausführen.
- Eine Wiederholung ist beendet, wenn die Schulter zwei Sekunden frei gehalten wurde – anschließend langsam zurück (exzentrische Bewegung).
- Der Druck der Beine in die Unterlage ist wichtig.
- Keine Pressatmung, sondern ausatmen, wenn die Belastung am größten ist.

Diese Übung kräftigt wie die vorherige Übung ebenfalls die schrägen Anteile der Bauchmuskulatur. Durch die Seitenlage wird ein Aufrichten sehr schwer.

(4) Untere gerade Bauch-muskulatur

Übungsbeschreibung

In der *Ausgangsstellung* liegt der Spieler auf dem Rücken, die Beine sind fast gestreckt und zeigen zur Decke. Die Arme sind auf der Brust gekreuzt. Die Lendenwirbelsäule berührt den Untergrund. Der Spieler hebt bzw. schiebt die Beine nach oben. Dabei spielt die Atmung eine wichtige Rolle. Das Gesäß wird mit der Einatmung abgehoben. Die *Endstellung* ist erreicht, wenn das Gesäß den Boden verlässt. Die Schultern dürfen den Boden ebenfalls ein klein wenig verlassen. Dabei ist darauf zu achten, dass die Bewegung nicht ruckartig, sondern langsam und kontrolliert ohne Schwung durchgeführt wird.

Anzahl: 3–5 Serien à 15–20 Wiederholungen je Seite, Pausen je 3 Min. – es empfiehlt sich, in der Pause eine Rückenübung oder ein leichtes Stretching einzubauen.

Anmerkung / Korrektur

- Nicht zu schnell, sauber ausführen.
- Eine Wiederholung ist beendet, wenn das Becken wieder den Boden berührt (exzentrische Bewegung).
- Die Füße können über Kreuz genommen werden.
- Keine Pressatmung, sondern ausatmen, wenn die Belastung am größten ist.

(5) Gerader Rückenstrecker

Übungsbeschreibung

In der *Ausgangsstellung* liegt der Spieler auf dem Bauch, die Füße sind am Boden aufgestellt (die Zehenspitzen berühren den Boden während der gesamten Übung). *Wichtig:* Der Kopf befindet sich in Verlängerung der Wirbelsäule, etwa 5 cm abgehoben, die Stirn zeigt zum Boden. Die Arme sind um 90 Grad vom Körper in U-Halte abgewinkelt, die Hände sind leicht nach innen geneigt, die Daumen zeigen zur Decke. Beide Arme werden nun gerade nach vorne geführt. Die *Endstellung* ist erreicht, wenn beide Arme gestreckt, mit den Daumen zur Decke zeigend, ganz nach vorne geführt sind. Die Hände haben keinen Bodenkontakt. Dann werden die Arme wieder in die U-Halte zurückgeführt.

Anzahl: 3–5 Serien à 20–40 Wiederholungen, Pausen je 3 Min. – es empfiehlt sich, in der Pause eine Bauchübung oder ein leichtes Stretching einzubauen.

Anmerkung / Korrektur

• Nicht zu schnell, sauber ausführen.
• Eine Wiederholung ist beendet, wenn die U-Halte wieder erreicht ist.
• Die Arme werden im Ellenbogengelenk ganz gestreckt.
• Die Fußspitzen berühren während der gesamten Übungsdauer den Boden.
• Keine Pressatmung, sondern ausatmen, wenn die Belastung am größten ist.

Diese Übung ist die Basisübung für die folgenden komplexeren Rückenübungen.

(6) Diagonaler Rückenstrecker

Übungsbeschreibung

Die *Ausgangsstellung* ist dieselbe wie in der vorhergegangenen Übung (5): Der Spieler liegt auf dem Bauch, die Füße sind am Boden aufgestellt (die Zehenspitzen berühren den Boden während der gesamten Übung). *Wichtig:* Der Kopf befindet sich in Verlängerung der Wirbelsäule, etwa 5 cm abgehoben, die Stirn zeigt zum Boden. Die Arme sind um 90 Grad vom Körper in einer U-Halte abgewinkelt, die Hände leicht nach innen geneigt, die Daumen zeigen zur Decke. *Ein Arm* wird nun nach vorne geführt. Die *Endstellung* ist erreicht, wenn der Arm gestreckt, mit dem Daumen zur Decke zeigend, ganz nach vorne geführt wurde. Der andere Arm bleibt abgewinkelt. Die Hände haben keinen Bodenkontakt.

Anzahl: 3–5 Serien à 20–40 Wiederholungen (jeweils zwei Seiten), Pausen je 3 Min. – es empfiehlt sich, in der Pause eine Bauchübung oder ein leichtes Stretching einzubauen.

Anmerkung / Korrektur

• Nicht zu schnell, sauber ausführen.
• Eine Wiederholung ist beendet, wenn beide Arme je einmal vor- und zurückgeführt wurden.
• Die Arme werden im Ellenbogengelenk ganz gestreckt.
• Die Fußspitzen berühren während der gesamten Übungsdauer den Boden.
• Keine Pressatmung, sondern ausatmen, wenn die Belastung am größten ist.

(7) Diagonaler Rückenstrecker

Übungsbeschreibung

In der *Ausgangstellung* liegt der Spieler auf dem Bauch, die Füße sind aufgestellt. *Wichtig:* Der Kopf befindet sich in Verlängerung der Wirbelsäule, etwa 5 cm abgehoben, die Stirn zeigt zum Boden. Die Arme sind vorgestreckt. Die Hände sind leicht nach innen geneigt, die Daumen zeigen zur Decke. Wie beim «Holzhacken» wird ein Arm nach oben und unten geführt. Die Hände haben keinen Bodenkontakt.

Anzahl: 3–5 Serien à 20–40 Wiederholungen (ein kompletter Wechsel, beide Arme auf – ab, ist eine Wiederholung), Pausen je 3 Min. – es empfiehlt sich, in der Pause eine Bauchübung oder ein leichtes Stretching einzubauen.

Anmerkung / Korrektur

- Nicht zu schnell, sauber ausführen.
- Eine Wiederholung ist beendet, wenn eine Auf-ab-Bewegung mit jedem Arm ausgeführt wurde.
- Die Fußspitzen berühren während der gesamten Übungsdauer den Boden.
- Die Arme werden im Ellenbogengelenk ganz gestreckt.
- Keine Pressatmung, sondern ausatmen, wenn die Belastung am größten ist.

(8) Rumpfmuskulatur

Übungsbeschreibung

Vierfüßlerstand: In der *Ausgangsstellung* nimmt der Spieler den so genannten Vierfüßlerstand ein. Er hat mit den Unterarmen und Fußspitzen Kontakt auf dem Boden (ggf. auf einer Unterlage). Die Winkelstellung in Ellenbogen und Kniegelenk beträgt 90 Grad. Nun wird ein Knie um 1 – 2 cm vom Boden abgehoben. Die *Endstellung* besteht im stabilen Halten dieser Position. Dabei muss die Lendenwirbelsäule aktiv stabilisiert werden, die Ellenbogen und Kniewinkel müssen gehalten werden.

Anzahl: 3 – 5 Serien à 20 – 40 Sek. halten (beide Beine nacheinander), Pausen je 3 Min. – es empfiehlt sich, in der Pause eine Bauchübung oder ein leichtes Stretching einzubauen.

Anmerkung / Korrektur

• Nicht zu schnelle, dafür stabile und saubere Ausführung.
• Keine Pressatmung, sondern ruhiges, gleichmäßiges Atmen.

Diese Übung ist die Basisübung für den Rumpf. Eine Kontrolle von außen ist bei dieser Übung sehr wichtig. Hier können sich sehr schnell Fehler einschleichen, die den Übungseffekt verfälschen.

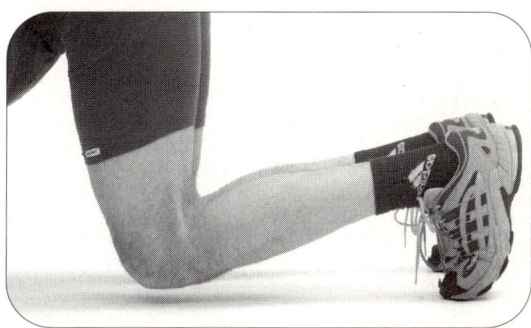

Übungsbeschreibung

Vierfüßlerstand: In der *Ausgangsstellung* nimmt der Spieler den so genannten Vierfüßlerstand ein. Er hat mit den Unterarmen und Fußspitzen Kontakt auf dem Boden (ggf. auf einer Unterlage). Die Winkelstellung in Ellenbogen und Kniegelenk beträgt 90 Grad. Nun werden ein Knie und der diagonal gegenüberliegende Arm um 1–2 cm vom Boden abgehoben. Die *Endstellung* besteht im stabilen Halten dieser Position. Dabei muss die Lendenwirbelsäule aktiv stabilisiert werden, die Ellenbogen und Kniewinkel müssen gehalten werden. Besondere Beachtung muss der Stabilität des Beckens gegeben werden.

Anzahl: 3–5 Serien à 20–40 Sek. halten (beide Diagonalen Arm–Bein nacheinander), Pausen je 3 Min. – es empfiehlt sich, in der Pause eine Bauchübung oder ein leichtes Stretching einzubauen.

Anmerkung / Korrektur

• Nicht zu schnelle, dafür stabile und saubere Ausführung.
• Keine Pressatmung, sondern ruhiges, gleichmäßiges Atmen.

Diese Übung verbindet die vorherige Basisübung (8) mit einem zusätzlichen Element. Eine Kontrolle von außen ist bei dieser Übung sehr wichtig. Hier können sich sehr schnell Fehler einschleichen, die den Übungseffekt verfälschen.

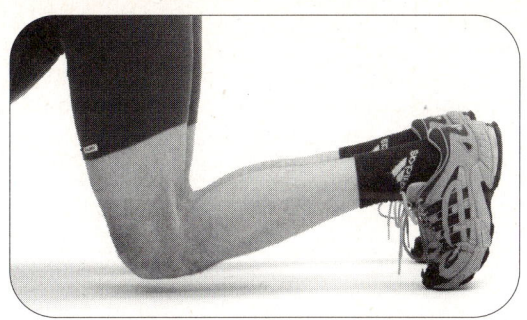

1

2

(10) Rumpfmuskulatur

Übungsbeschreibung

Unteramstütz: In der *Ausgangsstellung* nimmt der Spieler den so genannten Unterarmstütz ein. Er hat mit den Unterarmen und den Fußspitzen Kontakt auf dem Boden (ggf. auf einer Unterlage). Diese *Stellung* wird stabil gehalten.

Anzahl: 3–5 Serien à 30–60 Sek., Pausen je 3 Min. – es empfiehlt sich, in der Pause eine Bauchübung oder ein leichtes Stretching einzubauen.

Anmerkung / Korrektur

• Sauberes Halten der Ausgangsstellung, kein Absinken des Beckens zulassen.

• Kopf in der Verlängerung der Wirbelsäule halten.

• Keine Pressatmung, sondern ruhiges, gleichmäßiges Atmen.

Diese Übung stellt eine Steigerung der vorangegangenen Übungen dar und sollte nur von geübten Athleten durchgeführt werden.

Übungsbeschreibung

Unteramstütz: In der *Ausgangsstellung* nimmt der Spieler den so genannten Unterarmstütz ein. Er hat mit den Unterarmen und den Fußspitzen Kontakt auf dem Boden (ggf. auf einer Unterlage). Diese *Stellung* wird stabil gehalten. Nun wird zusätzlich noch eine Fußspitze um etwa 2 cm vom Boden abgehoben.

Anzahl: 3–5 Serien à 15–30 Wiederholungen, Pausen je 3 Min. (beide Beine einmal abheben entspricht einer Wiederholung) – es empfiehlt sich, in der Pause eine Bauchübung oder ein leichtes Stretching einzubauen.

Anmerkung / Korrektur

• Sauberes Halten der Ausgangsstellung, kein Absinken des Beckens zulassen.
• Kopf in Verlängerung der Wirbelsäule halten.
• Während des Abhebens des Beines keine Verwringung im Oberkörper zulassen!
• Keine Pressatmung, sondern ruhiges, gleichmäßiges Atmen.

Diese Übung stellt eine Steigerung der vorangegangenen Übungen dar und sollte nur von geübten Athleten durchgeführt werden.

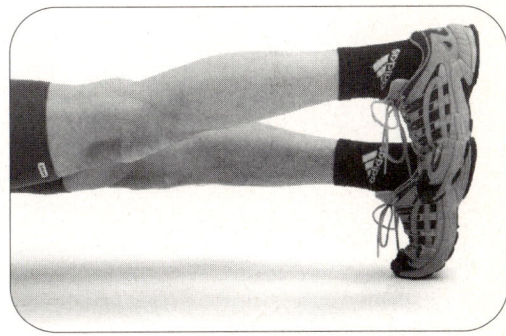

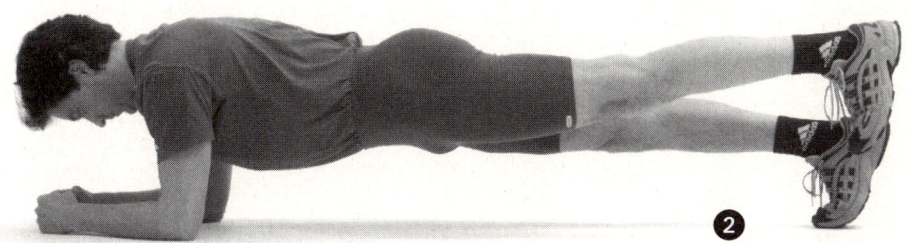

Trainingsprogramm Körperstabilisation

Zirkeltraining, Variante 1
3 Durchgänge: *40 Sek. Belastung – 40 Sek. Pause* – in den Pausen leichtes Traben mit Ball 3 Runden um das Basketballfeld.

Zirkeltraining, Variante 2 (Steigerung)
3 Durchgänge: *40 Sek. Belastung – 30 Sek. Pause* – in den Pausen leichtes Traben mit Ball 3 Runden um das Basketballfeld.

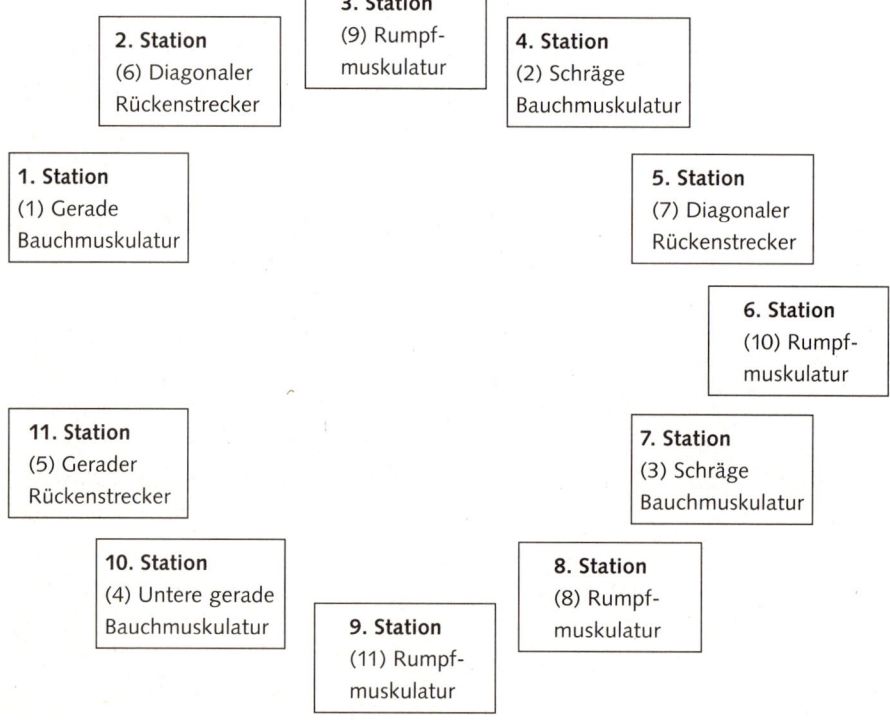

3. Station
(9) Rumpfmuskulatur

2. Station
(6) Diagonaler Rückenstrecker

4. Station
(2) Schräge Bauchmuskulatur

1. Station
(1) Gerade Bauchmuskulatur

5. Station
(7) Diagonaler Rückenstrecker

6. Station
(10) Rumpfmuskulatur

11. Station
(5) Gerader Rückenstrecker

7. Station
(3) Schräge Bauchmuskulatur

10. Station
(4) Untere gerade Bauchmuskulatur

9. Station
(11) Rumpfmuskulatur

8. Station
(8) Rumpfmuskulatur

Übersicht: Zirkel-Trainingsprogramm Körperstabilisation

Kraft

Grundlagen:
Bedeutung von Kraft

Das Kapitel zur Körperstabilisation ist dem Krafttraining bewusst vorangestellt. Nur auf der Basis eines stabilen Rumpfes ist ein Krafttraining mit seinen hohen äußeren, auf den Körper einwirkenden Kräften sinnvoll.

Die meisten Basketballspieler wollen kräftiger werden, um mit mehr Druck am Ball zu spielen und mehr Druck auf ihre Gegenspieler ausüben zu können. Diese reine Form der Athletik, nämlich kräftig, schnell und beweglich zu sein, findet in der amerikanischen NBA viele hervorragende Beispiele. Diese über zwei Meter großen Spieler besitzen Gewandtheit und Schnelligkeit, gepaart mit einer sehr guten Ballbeherrschung, die es ihnen erlaubt, über die gesamte Spielzeit enorm präsent zu sein und ihr Können jederzeit unter Beweis zu stellen. In den USA wurde erkannt, dass das Spielniveau durch ein athletisches Basketballspiel stark angehoben werden kann. Ein Athletiktraining nimmt nicht die Ballfertigkeit und das Spielgefühl, sondern es fügt dem noch Schnelligkeit, Gewandtheit, Ausdauer und vor allem

Kraft zur Erweiterung der Möglichkeiten hinzu.

Viele Trainer und Spieler wissen nicht, wie sie ein Krafttraining vernünftig gestalten sollen. Dadurch kommt es häufig zu unkorrektem Training, zu Verletzungen, oder aber es wird aus Gründen der Vorsicht von vornherein kein Krafttraining in den Trainingsplan aufgenommen.

Durch ein korrektes Krafttraining kommt es nicht nur zu einer Verstärkung der Muskulatur, sondern es werden auch Gelenke, Sehnen und Bänder adäquat an die Belastungen im Basketball herangeführt. Krafttraining ist also auch aktiver Verletzungsschutz, gerade wenn es sich um lange Extremitäten (Arme und Beine) handelt. Durch eine kräftige Rumpfmuskulatur wird sichergestellt, dass alle Bewegungen der Arme und Beine sauber und verletzungsfrei ausgeführt werden können. Ein kräftiges Rumpfkorsett muss unbedingt als erster Schritt aufgebaut und ständig erhalten werden.

Formen der Kraft

Es sind unterschiedliche Definitionen über die Kraft bekannt. In Bezug auf den Körper wird *Kraft* als die Fähigkeit des Nerv-Muskel-Systems beschrieben, Widerstände zu überwinden, ihnen nachzugeben oder sie zu halten. Physikalisch ist *Kraft* das Ergebnis der Multiplikation von Masse und Beschleunigung. Eine weitere physikalische Definition beschreibt *Kraft* als die Veränderung eines Ruhe- oder Bewegungsstatus in der Maßeinheit Newton (N).

Fest steht: Für viele, wenn nicht sogar für alle körperlichen Tätigkeiten benötigt der Mensch Kraft. Da die Bewegungen des Menschen meist gekoppelt sind, also aus unterschiedlichen Richtungen wie auch aus Rotationen resultieren, werden für eine Bewegung viele Muskelgruppen in unterschiedlichster Arbeitsweise benötigt. Ein maximal arbeitender Bizeps (Oberarmbeuger) kann seine volle Bewegungs- und Kraftentfaltung nur erreichen, wenn gleichzeitig unter anderem der Trizeps (Oberarmstrecker) nachgibt bzw. als Helfer (Synergist) der Bewegung nervlich angesteuert wird.

Die «Mutter» der verschiedenen Kraftformen ist sicherlich die Maximalkraft. Verschiedene Autoren kommen überein, dass die Maximalkraft als eine Basiskraft zu sehen ist. Wenn ein sinnvolles Maß an dieser Grundkraft vorhanden ist, kann man dazu überge-

hen, weitere Kraftformen zu beüben (Steinhöfer / Warobiow 1996, 62). Die Kraftformen im Überblick (vgl. Martin / Carl / Lehnertz 1993):

• *Maximalkraft* ist die höchstmögliche Kraft, die das Nerv-Muskel-System bei maximal willkürlicher Kontraktion auszuüben vermag (z. B. im Ausboxen, Positionskampf im Angriff und Verteidigung, Blocks).

• *Schnellkraft* ist die Kraftbildungsgeschwindigkeit, das Vermögen, große Kraftwerte pro Zeiteinheit zu realisieren (z. B. schnelles Reagieren wie Richtungswechsel, plötzliche Sprünge, unvorhergesehene Antritte).

• *Reaktivkraft* ist die Muskelleistung, die während eines Dehnungs-Verkürzungs-Zyklus (DVZ) einen erhöhten Kraftstoß bildet. Sie ist abhängig von Maximalkraft, Schnellkraft und reaktiver Spannungsfähigkeit des neuromuskulären Systems (z. B. in Antritten, Stopps, Sprints, Sprüngen, Rebounds, Tempowechseln und explosiven Bewegen: dribbeln, fangen, passen, werfen).

• *Kraftausdauer*, die Ermüdungswiderstandsfähigkeit bei lang andauernden Kraftbelastungen, ist die Fähigkeit, bei einer bestimmten Wiederholungszahl von Kraftstößen innerhalb eines definierten Zeitraumes die Abnahme der Höhe dieser Kraftstoßhöhen möglichst gering zu halten (z. B., wenn in einer Spielzeit mit hoher Intensität alle Belastungen überstanden werden).

Prinzipien der Muskelkontraktion

Das Prinzip der Muskelkontraktion und -entspannung wurde von den Wissenschaftlern schon in den fünfziger Jahren beschrieben. Seither hat sich das Wissen darüber immer weiter verfeinert. Ein Meilenstein gelang amerikanischen und deutschen Forschern im Jahr 1993: Sie klärten die räumliche Struktur der Myosinköpfe bis ins Detail auf und bestätigten dabei das so genannte Gleitfilamentmodell zur Muskelkontraktion:

Im Ruhezustand sind die gekrümmten Myosinköpfe an den Aktinkabeln eingehakt. Wenn Adenosintriphosphat (ATP), das energetische «Wechselgeld» des Körpers, sich mit einem Myosinkopf verbindet, löst dieser die als Querbrücke bezeichnete Verbindung, richtet sich gerade aus und hakt ein Stück weiter am Aktinstrang ein. In dem Moment, da sich der Kopf wieder krümmt, zieht sich das Sarkomer, eine Untereinheit des Muskels, zusammen. Dieser Vorgang ähnelt einem Tauziehen, bei dem die zwei Teams ziehen, nachfassen und wieder ziehen. 5- bis 50-mal pro Sekunde läuft ein solcher Zyklus in jedem Sarkomer ab. Der Muskel kontrahiert. Etwa 20 Milliarden Querbrücken müssen mitwirken, damit der Muskel ein einziges Gramm anheben kann.

Alle Muskelfasern funktionieren auf die oben beschriebene Art und Weise.

Sie unterscheiden sich aber darin, wie schnell sie den Zyklus wiederholen und wie lange sie ihn aufrechterhalten können.

• Die *langsamen* roten Fasern sind enorm ausdauernd. Sie sind gespickt mit Mitochondrien, Zellkraftwerken, die unter Sauerstoffverbrauch (aerob) Zucker und Fettsäuren verbrennen können und so ständig Adenosintriphosphat (ATP), den Energielieferanten des Muskels, nachliefern. Sie enthalten auch viel rotes Myoglobin, das Sauerstoff transportiert und speichert.

• Die *schnellen* weißen Fasern können mit hoher Frequenz kontrahie-

Übersicht: Anteil der schnellen Muskelfasern in verschiedenen Sportarten

ren – aber nur für kurze Zeit. Dabei entwickeln sie einen enormen Hunger auf ATP-Moleküle, die sie vorwiegend ohne Sauerstoffverbrauch – anaerob – herstellen.

Eine Mixtur aus schnellen und langsamen Faserarten baut jeden Muskel auf. Die Anteile variieren allerdings je nach den Aufgaben des Muskels. Z. B. befinden sich viele langsame Fasern im Soleus, dem Muskel des Unterschenkels, der beim Stehen, Gehen, Laufen aktiv ist. Der Bizeps des Armes dagegen besteht fast durchweg aus schnellen Zellen.

Wie die Muskulatur arbeitet, hängt von der zu erwartenden Bewegung ab. Sie kann in verschiedenster Art und Weise arbeiten:

• *Statische Muskelarbeit:* Haltearbeit, die Muskellänge bleibt konstant.

• *Dynamische positive oder konzentrische Muskelarbeit:* überwindende Arbeit, Spannungsänderung mit Verkürzung der Muskulatur.

• *Dynamisch negativ oder exzentrische Muskelarbeit:* nachgebende Arbeit, Spannungsänderung mit Verlängerung der Muskulatur.

• *Reaktive Muskelarbeit*: nachgebend-überwindende Arbeit im Dehnungs-Verkürzungs-Zyklus (DVZ).

Es ist der Muskulatur möglich, sehr rasch von einer in die andere Arbeitsweise umzuschalten. Dies gelingt unter anderem dadurch, dass an einer gezielten Bewegung mehrere Muskelfasern beteiligt sind. Dieses Zusammenspiel äußert sich in der Koordination (s. Kapitel «Koordination und Schnelligkeit», S. 35f.). Der *intramuskulären Koordination* kommt eine entscheidende Bedeutung für die Kraftentwicklung zu. Für die Abstufung der Muskelkraft ist die Fähigkeit zur entgegenlaufenden (asynchronen) Kontraktion unter Beteiligung einer beschränkten Anzahl von Muskelfasern entscheidend. Im Zuge eines Krafttrainings gelingt es, die Impulsfrequenz der aktivierten Fasern zu erhöhen sowie immer mehr Muskelfasern zur Kontraktion heranzuziehen (*Frequentierung* und *Rekrutierung* der motorischen Einheiten, vgl. S. 35). Eine trainingsbedingte Kraftzunahme wird daher in den ersten etwa 14–20 Trainingstagen praktisch ausschließlich durch ein *Training der Koordination* ausgelöst!

Im Praxisteil werden nachfolgend 19 ausgesuchte Übungen für den Kraftraum vorgestellt. Sie sind in die Körperbereiche Rumpf, Beine und Arme eingeteilt.

Rumpf	Beine	Arme
(1) Bench Press (Bankdrücken)	*(7) Leg Press* (Beinpresse)	*(15) Butterfly Reverse* (Brust rückwärts)
(2) Lat Pull (Lat-Zug)	*(8) Hamstring Curls* (Beinbeugeranzug)	*(16) Dumbbell Incline Bench Press* (Beidarmiges Schrägbankdrücken)
(3) Crunch (Bauchaufzug gerade und schräg)	*(9) Squat* (Kniebeuge)	*(17) Lying Triceps Extension* (Liegende Trizepsübung)
(4) Back-up (Rückenaufzug)	*(10) Hang Pull / Clean* (Anreißen mit / ohne Umsetzen)	*(18) Bizeps Curls* (Bizepsanzug)
(5) Side-up (Seitaufzug)	*(11) Step-up* (Aufsteigeschritt)	*(19) Lateral Shoulder raises* (Seitliches Schulterheben)
(6) Drill (Rumpfdrehen)	*(12) Jump-up* (Aufsteigesprung)	
	(13) Lunger (Ausfallschritt)	
	(14) Leg Extension (Quatrizeps-Streckung)	

Übersicht: Krafttraining Rumpf, Beine, Arme

Praxis: Kraftübungen

Rumpfkraft

(1) Bench Press (Bankdrücken)

Muskulatur
Brust- und Armmuskulatur

Übungsbeschreibung
In der *Ausgangsstellung* liegt der Spieler in Rückenlage unter der Hantelstange auf der Bank, die Stirnpartie genau unter der Hantelstange. Die Beine heben ab und bilden zwei 90-Grad-Winkel in Hüfte und Knie. Alternativ können sie auf eine zusätzlich quer gestellte Bank am Fußende gestellt werden. Die Hantelstange wird etwas weiter als schulterbreit symmetrisch gegriffen, aus der Halterung genommen und langsam bis kurz vor die Brust abgesenkt. In der tiefsten Position darf sie die Brust nicht berühren! Nun wird die Hantelstange in die Streckung gebracht und dabei kräftig ausgeatmet. Die Handgelenke nicht abwinkeln, das Gewicht nicht in der oberen Position verharren lassen, sondern sofort wieder absenken bis kurz

vor die Brust. Kein Hohlkreuz machen, die Lendenwirbelsäule wird während der gesamten Übungsdauer aktiv auf die Unterlage gepresst, der Kopf nimmt eine neutrale Position ein! Zügige und rhythmische Bewegungsausführung.

Anzahl:
- 15 Wiederholungen mit leichtem Gewicht zum Aufwärmen, 90 Sek. Pause, dann
- 4 Serien à 5–8 Wiederholungen, Pausen zwischen den Serien je 90 Sek.

Anmerkung / Korrektur
Bei dieser Übung ist für Anfänger wie für Geübte, die mit hohen Gewichten trainieren, unbedingt eine zweite Person als Hilfe notwendig, die hinter der Anlage steht und ggf. das Gewicht übernehmen kann!
- In der tiefsten Phase Ellenbogen-/ Oberarmwinkel 90 Grad.
- Hantel gerade absenken, nicht nach vorne zum Bauch bewegen.
- Körperspannung während der Bewegung: Gesäß, Bauch, Rücken

und Schultern, Kopf aufrecht
halten.
• Dynamische und rhythmische
Bewegung, zügige Ausführung,
keine Pausen.
• In der Belastung ausatmen.

(2) Lat Pull (Lat-Zug)

Muskulatur

Rücken- und Schultermuskulatur, v. a. breiter Rückenmuskel, Rautenmuskel, Kapuzenmuskel, Deltamuskel und Oberarmmuskel

Übungsbeschreibung

Im Stehen wird die Griffstange etwas breiter als schulterbreit im Ristgriff umfasst, dann setzt man sich ab. In der *Ausgangsstellung* sitzt der Spieler mit dem Gesicht zum Gerät. Die Sitzposition ist so zu wählen, dass sich die Oberschenkel unter den Querstangen befinden. Die Knie sollten etwas tiefer als die Hüfte liegen. Die Handgelenke werden aktiv stabilisiert, und mit fast gestreckten Armen werden die Ellenbogen exakt unter der Stange gehalten. Die Schultern werden bewusst in gerader Linie herabgezogen, dann wird die Griffstange langsam mit beiden Armen, die Ellenbogen zeigen nach außen, senkrecht bis zur Höhe der Schulterblätter herabgezogen. Anschließend wird die Stange langsam wieder nach oben gelassen.

Variation 1: Die Griffbreite kann verändert werden: Bei einem breiten Griff werden die Rautenmuskeln mehr beansprucht, bei engerem Griff der Rückenstrecker und der Bizeps.

Variation 2: Es ist auch ein Zug vor dem Körper möglich. Die Stange sollte bei korrekter Haltung bis zum Brustbein gezogen werden. Der Körper wird bei Körperspannung ab der Hüfte nach hinten geführt. Kein Hohlkreuz machen!

Anzahl:
* 15 Wiederholungen mit leichtem Gewicht zum Aufwärmen (Richtwert: 50 Prozent der max. Leistungsstärke), 90 Sek. Pause, dann
* 3 Serien à 12 – 20 Wiederholungen (Richtwert: bei 12 Wdh. 80 Prozent, bei 20 Wdh. 70 Prozent der max. Leistungsstärke), Pausen zwischen den Serien je 90 Sek.

Anmerkung / Korrektur
* Ellenbogengelenke in der oberen Phase nicht voll durchstrecken.
* Lendenwirbelsäule durch Rumpfspannung fixieren.
* Zu Beginn der Übung Schultern senken und während der Bewegung aktiv fixieren.
* Auf rhythmische Bewegung achten: Stange zügig herabziehen und kontrolliert hochlassen, keine Pausen während der Übung.
* Bei Belastung ausatmen.

(3) Crunch (Bauchaufzug gerade und schräg)

Muskulatur
Gerade bzw. schräge Bauchmuskulatur

Übungsbeschreibung
Gerade Crunches: In der *Ausgangsstellung* liegt der Spieler auf dem Boden, die untere Lendenwirbelsäule berührt den Untergrund. Bei einem Zirkel oder längerem Üben empfiehlt es sich, eine weiche Matte unterzulegen. Die Hände werden seitlich an die Schläfen bzw. die Ohren gelegt, um ein Ziehen am Hinterkopf zu vermeiden. Die Ellenbogen zeigen in Richtung Decke. Die Oberschenkel bilden mit dem Rumpf einen 90-Grad-Winkel – so wird der Hüftbeuger weitestgehend aus der Übung ausgeschlossen. Die Zehen sind zum Schienbein hin angezogen. Dadurch wird eine Muskelspannung von den Großzehen bis zum Gesäßmuskel erreicht. Nun zieht der Oberkörper langsam und gleichmäßig nach oben, nur ein wenig. Die *Endstellung* ist erreicht, wenn die Schultern den Boden verlassen haben und die Ellenbogen zur Decke zeigen. Die Lendenwirbelsäule berührt weiterhin den Boden! Der Oberkörper soll die Unterlage so weit wie möglich verlassen.

Anzahl: 3–5 Serien à 20–40 Wiederholungen, Pausen je 3 Min. – es empfiehlt sich, in der Pause eine Rückenübung oder ein leichtes Stretching einzubauen.

Schräge Crunches: Wie oben, nur ziehen der rechte / linke Ellenbogen abwechselnd zum diagonal gegenüberliegenden Knie. Die *Endstellung* ist erreicht, wenn die Schultern den Boden verlassen haben und der Ellenbogen zum diagonalen Knie zeigt.

Anzahl: 3–5 Serien à 20–30 Wiederholungen je Seite, Pausen je 3 Min.

Anmerkung / Korrektur
- Nicht zu schnell, sauber ausführen.
- Eine Wiederholung ist beendet, wenn der Hinterkopf wieder den Boden berührt (exzentrische Bewegung).
- Die Beine und Füße sollen den 90-Grad-Winkel über die gesamte Übungsausführung beibehalten, die Beine sollen sich nicht bewegen.
- Die Ellenbogen ziehen *nicht* zu den Knien, sondern zur Decke!
- Keine Pressatmung, sondern ausatmen, wenn die Belastung am größten ist.

➊

➋

Gerade Crunches

Schräge Crunches

(4) Back Extension
(Rückenaufzug)

Muskulatur
Rückenstreckmuskulatur, großer Gesäßmuskel, hintere Oberschenkelmuskulatur

Übungsbeschreibung
In der *Ausgangsstellung* liegt der Spieler in Bauchlage auf dem Rückengerät. Alternativ ist auch ein großer Turnkasten möglich, hier muss allerdings ein Partner den Spieler an den Beinen festhalten. In beiden Fällen liegt der Beckenkamm auf der Unterlage auf. So wird die Hüfte fixiert und es kommt nicht zu ungewollten Ausweichbewegungen. Die Füße sind beim Rückentrainer auf dem Fußbrett fixiert. Der Kopf wird in Verlängerung der Wirbelsäule gehalten, die Arme werden vor der Brust verschränkt, und das Becken wird durch ein bewusstes Anspannen der Gesäßmuskulatur stabilisiert. Von hier aus sind zwei Übungsausführungen möglich:

Statisch: Der Oberkörper wird in dieser Position gehalten.
　Dauer: etwa 1 Min.

Dynamisch: Der Oberkörper wird mit geradem Rücken kontrolliert über die Vorderkante des Schrägpolsters nach vorne unten abgesenkt. Für die Aufwärtsbewegung gibt es zwei Möglichkeiten:
• Wirbel für Wirbel langsam bis zur Körperstreckung aufrollen (nur für sehr Geübte) oder
• langsam gerade aufrichten bis in die volle Körperstreckung und 2–3 Sek. verweilen.
Anzahl: 3–5 Serien à 20–30 Wiederholungen, Pausen je 90 Sek.

Anmerkung / Korrektur
• Kniegelenke leicht beugen.
• Niemals über die Körperstreckung hinaus aufrichten, sonst Gefahr der Schädigung der Lendenwirbelsäule!
• Abwärtsbewegung kontrolliert abbremsen.
• Aufwärtsbewegung weich und rund vom Kopf aus einleiten.
• Auf rhythmische, langsame Bewegungsausführung achten, nicht mit Schwung bewegen, während der Übung keine Pausen machen.
• Bei Belastung ausatmen.

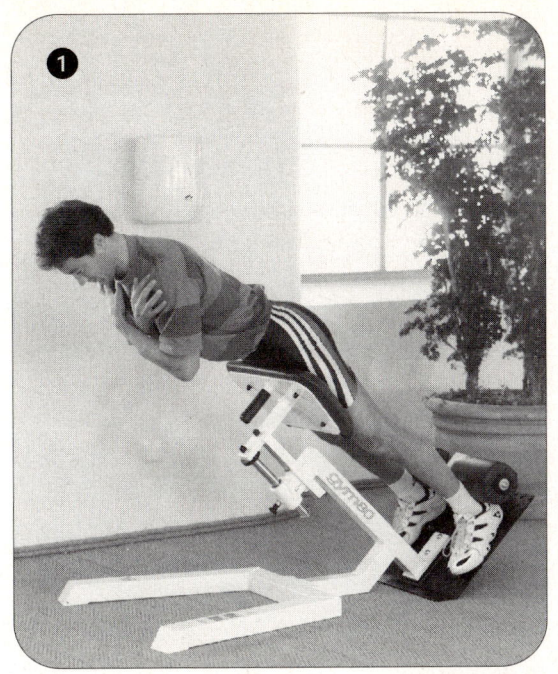

(5) Side-up (Seitaufzug)

Muskulatur
Seitliche Rumpfmuskulatur

Übungsbeschreibung
In der *Ausgangsstellung* liegt der Spieler in Seitenlage auf einer weichen Unterlage. Der untere Arm wird am oberen Beckenkamm fixiert, der obere Arm befindet sich an der Außenseite der Schläfen, nicht am Hinterkopf! Die Füße nehmen eine leichte Schrittstellung ein, die Schulter berührt die Unterlage. Der Oberkörper soll nun langsam und kontrolliert von der Unterlage nach oben bewegt werden. Es reicht aus, wenn die untere Schulter den Boden verlässt. Eine leichte Schlussrotation in die Bewegungsrichtung ist dabei erwünscht. 2–3 Sek. in der *Endstellung* verweilen. Die Füße bleiben auf dem Boden und das Becken hat weiterhin Kontakt zur Unterlage. Langsam und ebenfalls kontrolliert wird wieder in die Ausgangslage zurückgekehrt, ohne sich fallen zu lassen.

Anzahl: 2–4 Serien à 10–20 Wiederholungen je Seite, Pausen je 90 Sek.

Anmerkung / Korrektur
- Keine ruckartigen Bewegungen.
- Nicht am Hinterkopf ziehen!
- Abwärtsbewegung kontrolliert abbremsen.
- Auf rhythmische Bewegung achten, langsame Ausführung, nicht mit Schwung bewegen.
- Keine Pressatmung!

Bei dieser Übung wird die seitliche Rumpfmuskulatur gekräftigt. Ein Hauptaugenmerk sollte dabei auf der Ausführungsgeschwindigkeit liegen.

(6) Drill (Rumpfdrehen)

Muskulatur
Seitliche Rumpfmuskulatur, Bauch-
und Rückenmuskulatur

Übungsbeschreibung
Die *Ausgangsstellung* ist sitzend, neben der Hüfte liegt ein Gewicht, die
Beine sind angewinkelt, die Füße verlassen den Boden, der Rücken ist aufrecht. Nun dreht der Oberkörper
schnell, das Gewicht wird zur anderen
Seite gebracht, hat dort kurz Bodenkontakt und wird wieder zurück in die
Ausgangsstellung gebracht. Die Beine
bilden über die Hüfte eine aktive Widerlagerung, d. h., es muss gegen die
Drehrichtung des Oberkörpers gear-
beitet werden. Als erfolgreiche Rück-
meldung kann die Stellung der Füße
während der Übung dienen. Sie zeigen während der gesamten Übungsausführung in eine Richtung.
Anzahl: 3–5 Serien à 20–40 Wiederholungen (Richtwert: bei 20 Wdh.
10-kg-, bei 40 Wdh. 5-kg-Gewicht),
Pausen je 90 Sek.

Anmerkung / Korrektur
• Kniegelenke leicht beugen, Füße
zum Schienbein ziehen.
• Blickrichtung geradeaus.
• Während der Bewegung steuert
das Becken aktiv und bewusst gegen.
• Auf rhythmische Bewegung achten,
schnelle Ausführung, keine Pausen.
• Keine Pressatmung!
   Das Abheben der Beine führt hier
zu einer Ausschaltung der Hüftbeuge-
muskulatur. Der Oberkörper wird in
eine Verdrehung zur Hüfte gebracht.
Diese ist durch die Sitzposition und die
muskuläre Widerlagerung fixiert. Ein
deutlich seitlich neben der Hüfte ab-
zustellendes Gewicht sollte die Rota-
tion noch verstärken.

Beinkraft

(7) Leg Press (Beinpresse)

Muskulatur
Oberschenkel-, Gesäß- und Wadenmuskulatur

Übungsbeschreibung
In der *Ausgangsstellung* liegt der Spieler in Rückenlage auf dem Schlitten.
Die Füße werden in hüftbreiter Fuß-
stellung und, leicht nach außen gedreht, mit vollem Sohlenkontakt auf
die schräge Fußplatte aufgesetzt. Die
Grundeinstellung des Schlittens wird
so gewählt, dass die Kniegelenkstel-
lung bei Bewegungsbeginn 90 Grad
beträgt. Die Schultern werden in die
dafür vorgesehenen Polster gedrückt,
der Rücken und der Kopf sind gerade
auf der Unterlage fixiert. Durch Anspannung der Bauch- und Gesäßmuskulatur wird das Becken stabilisiert.
Die Hände umfassen die seitlichen
Haltegriffe neben dem Kopf. Nun werden die Beine gegen den auf den
Schlitten einwirkenden Gewichtswi-
derstand in Hüft- und Kniegelenk gestreckt. Beim Erreichen der *Endstellung* sind die Knie aber nur fast gestreckt, die Füße werden in den
Sprunggelenken zusätzlich gestreckt
und so die Fersen von der Unterlage
abgehoben. Auf dem Rückweg kontrolliert abbremsen, die Knie beu-

gen sich wieder, die Fersen stehen
wieder mit vollem Kontakt auf der
Unterlage.
   Anzahl:
• 8 Wiederholungen mit leichtem
Gewicht zum Aufwärmen (Richtwert:
50 Prozent der max. Leistungsstärke),
90 Sek. Pause, dann
• 3 Serien à 5–8 Wiederholungen
(Richtwert: bei 5 Wdh. 80 Prozent,
bei 8 Wdh. 70 Prozent der max. Leistungsstärke), Pausen zwischen den
Serien je 90 Sek.

Anmerkung / Korrektur
• Kniegelenke in der Streckphase
nicht ganz durchstrecken, beim
Zurückgehen den Schlitten langsam
abbremsen.
• In der Beugephase soll der Knie-
winkel nicht kleiner sein als 90 Grad.
• Während der gesamten Bewegung
das Gesäß, den Bauch, den Rücken
und die Schultern anspannen und den
Kopf aufrecht halten.
• Auf dynamische, rhythmische Be-
wegung achten, zügige Ausführung,
keine Pausen während der Übung.
• Bei Belastung ausatmen.
   Durch die Beinpresse ist ein sehr ge-
naues, individuelles und effektives
Training der Beine in einer funktionel-

len Muskelgruppe möglich. Der Spieler entfernt sich vom Gerät, es kommt kein Gewicht auf ihn zu. Die Vorteile sind eine höhere Dynamik und ein koordiniertes Training vom Fußstrecker bis zum Gesäßmuskel innerhalb einer Bewegung.

(8) Hamstring Curl
(Beinbeugeranzug)

Muskulatur

Oberschenkelrückseite, untere Lendenwirbelsäule, Gesäßmuskulatur

Übungsbeschreibung

In der *Ausgangsstellung* liegt der Spieler in Bauchlage auf der Maschine, die Knie nicht voll durchgestreckt, die Hacken sind unter den Fußrollen fixiert, der Rumpf wird durch die Arme auf der Unterlage gehalten. Die Kniescheiben sind frei. Nun wird die Rumpfmuskulatur angespannt, und die Arme fixieren die Hüfte auf der Unterlage. Die Hacken werden in Richtung Gesäß bewegt, dann kontrolliert wieder zurück.

Anzahl:

• 8 Wiederholungen mit leichtem Gewicht zum Aufwärmen (Richtwert: 50 Prozent der max. Leistungsstärke), 90 Sek. Pause, dann

• 3 Serien à 8–15 Wiederholungen (Richtwert: bei 8 Wdh. 80 Prozent, bei 15 Wdh. 70 Prozent der max. Leistungsstärke), Pausen zwischen den Serien je 90 sek.

Anmerkung / Korrektur

• Während der Bewegung das Gesäß, den Bauch, den Rücken und die Schultern anspannen und den Kopf mit der Stirn in Richtung der Unterlage halten.

• Die Zehen werden zum Schienbein hin angezogen.

• Auf dynamische und rhythmische Bewegung achten, keine Pausen während der Übung.

• Bei Belastung ausatmen.

Sehr wichtig ist die korrekte Haltung des Beckens. Bei der Wahl der Gewichte muss berücksichtigt werden, dass keine andere als die oberschenkelrückseitige Muskulatur arbeitet. Das Becken darf auf keinen Fall kippen, es käme zu einer verstärkten Hohlkreuzhaltung mit entsprechender Belastung der Lendenwirbelsäule. Wenn das Gerät es zulässt, kann auch einbeinig trainiert werden. Das andere Bein steht dann auf dem Boden und fixiert so das Becken.

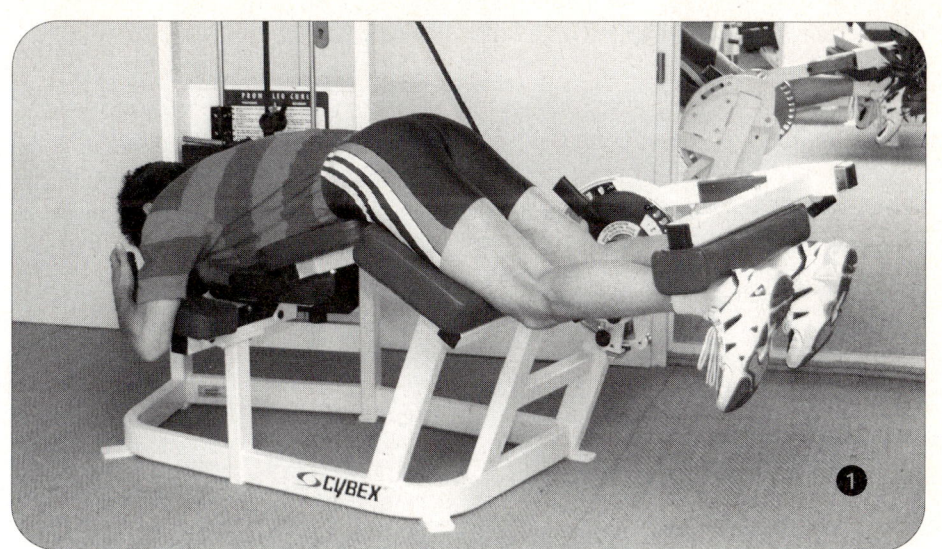

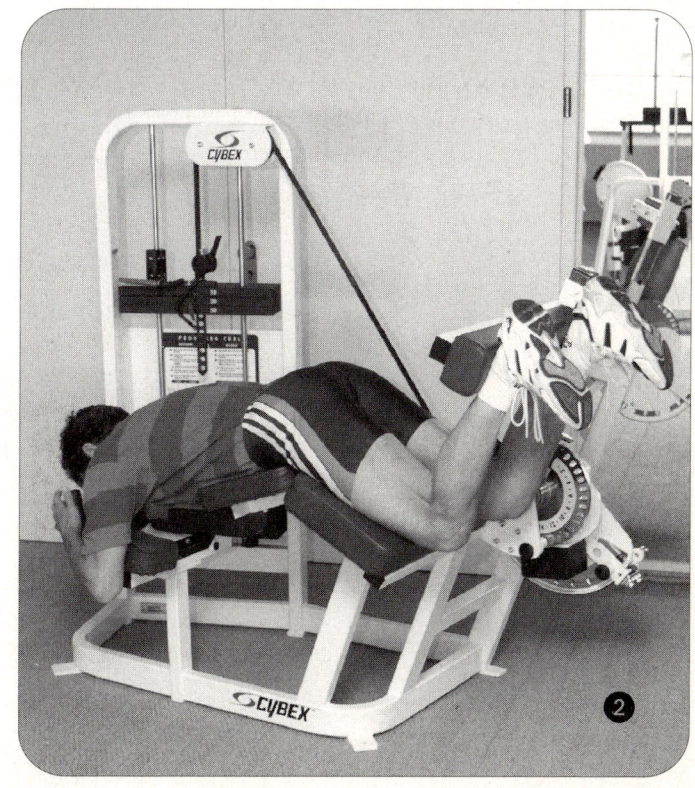

(9) Squat (Kniebeuge)

Muskulatur

Kompletter Beinstreckapparat: Oberschenkelvorderseite, hintere Oberschenkelmuskulatur, großer Gesäßmuskel, Wadenmuskulatur, Schienbeinmuskulatur, Rumpfmuskulatur, Hüftmuskulatur

Übungsbeschreibung

In der *Ausgangsstellung* steht der Spieler in leichter Grätschstellung, die Zehen zeigen nach vorne und leicht nach außen. Die Hantel wird im Nacken abgelegt, die Griffbreite sollte etwas über schulterbreit sein, um Probleme mit den Ellenbogen zu verhindern. Nun in die Hocke gehen – nur so tief, wie ein sicheres Gefühl für die Bewegung vorhanden ist. Von dieser Position aus wird der Körper in einer senkrechten schnellen Bewegung nach oben gebracht. Dabei nicht in der Hüfte nachgeben, der Rücken bleibt gestreckt! Die Bewegung wird bis zur vollen Streckung des Fußes durchgeführt, die Hacke hebt vom Boden ab. Deutlich langsamer wird dann wieder nach unten gegangen. Die Hacke berührt wieder den Boden, das Gesäß wandert nach unten, der Oberkörper bleibt aufrecht. Der Rhythmus der Bewegung ist ein Zählen auf zwei nach oben und auf vier nach unten.

Anzahl:
- 8 Wiederholungen mit leichtem Gewicht zum Aufwärmen (Richtwert: 40 Prozent der max. Leistungsstärke), 90 Sek. Pause, dann
- 3 Serien à 5–8 Wiederholungen (Richtwert: bei 5 Wdh. 60 Prozent, bei 8 Wdh. 70 Prozent der max. Leistungsstärke), Pausen zwischen den Serien je 90 Sek.

Anmerkung / Korrektur

Ein strittiger Punkt ist die Tiefe bei der Ausführung der Kniebeuge. Einerseits wird vor schädlichen Einflüssen auf das Kniegelenk gewarnt, andererseits können gute Gewichtheber die volle Beinkraft aus der tiefen Kniebeuge ohne nennenswerte Schädigung realisieren. Sicherlich sind der Anpassungsprozess der Gewichtheber und der einwandfreie Aufbau der Kniebeuge Gründe dafür. Die Kniebeuge dient hier als dynamische Übung für die Oberschenkelkraft und die Kraftübertragung auf den Fuß im Sinne einer maximalen Sprint- und Sprungleistung. Sie ist keine reaktive Streckübung. Daher ist ein Kniewinkel von 90 Grad und mehr für Basketballer durchaus ausreichend. Mit niedrigen Gewichten bekommt die Übung einen reaktiven Charakter.

Vorbereitend müssen körperstabilisierende Übungen für ein sehr stabiles Muskelkorsett sorgen.

Zunächst mit leichten Gewichten die

Technik erlernen, dabei ist ein Trainer bzw. Beobachter sehr wichtig.

• Oberkörper aufrecht, Rundrücken vermeiden!

• Während der Bewegung die Bauch- und Rückenmuskulatur zur Stabilisierung des Beckens einsetzen, den Kopf aufrecht halten.

• Falls die Fersen während des Übens leicht abheben, kann eine kleine Erhöhung untergelegt werden.

• Kniestand vor einem Spiegel kontrollieren, kein Abweichen in X- oder O-Beine.

• Auf dynamische und rhythmische Bewegung achten, zügige Ausführung, keine Pausen während der Übung.

• Bei Belastung ausatmen.

Aus der tiefen Kniebeuge

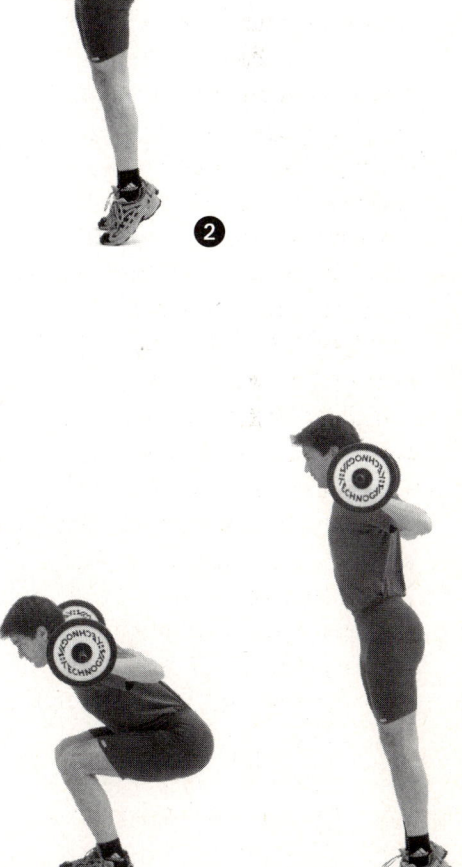

(10) Hang Pull/Clean (Anreißen mit/ohne Umsetzen)

Muskulatur
Beinmuskulatur, Rückenstrecker, Bauchmuskulatur

Übungsbeschreibung
Hang Pulls: In der *Ausgangsstellung* steht der Spieler hüftbreit, die Hantelstange liegt etwa auf der Hälfte des Oberschenkels. Die Griffbreite ist deutlich breiter als die Schultern. Durch eine explosive Streckung der Beine bei gleichzeitiger Streckung des Rückens wird die Hantelstange nach oben gebracht. Dabei «fliegt» die Hantel bis auf Kinnhöhe. In der maximalen Streckung sind auch die Zehen gestreckt. Das Absenken der Hantel sollte kontrolliert und schnell stattfinden.

Hang Cleans: Hier werden die Ellenbogen nach vorne oben gebracht, die Hantelstange wird auf den Schultern abgelegt – ansonsten Übungsausführung wie oben.

Anzahl:
• 8 Wiederholungen mit leichtem Gewicht zum Aufwärmen (Richtwert: 20 kg, entspricht etwa der leeren Langhantelstange), 90 Sek. Pause, dann
• 3 Serien à 8–15 Wiederholungen (Richtwert: bei 8 Wdh. + 10 kg, bei 15 Wdh. + 5 kg), Pausen zwischen den Serien je 90 Sek.

Anmerkung/Korrektur
• Die Schultern werden nach oben hinten bewegt.
• Erst den Körper explosiv nach oben bewegen, dann die Hantelstange nach oben ziehen.
• Der Zug der Hantelstange über die Arme findet eng am Körper statt.
• Beim Absenken des Gewichts leicht ins Knie gehen, um die auf den Rücken wirkenden Kräfte abzufangen.
• Bei Belastung ausatmen, keine Pausen während der Übung.

Hang Pull

Hang Clean

(11) Step-up (Aufsteigeschritt)

Muskulatur
Oberschenkel-, Gesäß-, Rückenmuskulatur

Übungsbeschreibung
In der *Ausgangsstellung* steht der Spieler mit einem Bein auf dem Boden, das andere Bein steht auf einem Kastenoberteil o. Ä. Ein Zusatzgewicht wird mit beiden Händen gehalten. Der Spieler steigt nun dynamisch auf den Kasten, wobei die volle Streckung im Standbein realisiert werden muss (auch die Zehen sind gestreckt). Das Schwungbein schwingt bis zum 90-Grad-Winkel nach oben. Der Fuß des Schwungbeins ist zum Schienbein hin angezogen, die Arme mit Zusatzgewicht sind gestreckt. Beim Zurückgehen in die Ausgangsstellung wird das Schwungbein wieder zum voll belasteten Standbein am Boden. Eine komplette Serie wird jeweils mit einer Beinseite durchgeführt, dann wird das Bein gewechselt.

Anzahl:
• 6 Wiederholungen mit leichtem Gewicht zum Aufwärmen (Richtwert: 2,5 kg Kurzhantel), 90 Sek. Pause, dann
• 3 Serien à 10–20 Wiederholungen pro Bein (Richtwert: bei 10 Wdh. 10-kg-Kurzhantel, bei 20 Wdh. 5-kg-Kurzhantel), Pausen zwischen den Serien je 90 Sek.

Anmerkung / Korrektur
• Kurze Bodenkontakte mit dem Standbein, schnelles Wiederaufsteigen.
• Kniewinkel des Schwungbeins etwa 90 Grad.
• In der Endstellung volle Körperstreckung.
• Auf dynamische und rhythmische Bewegung achten, zügige Ausführung, keine Pausen während der Übung.
• Bei Belastung ausatmen.

(12) Jump-up (Aufsteigesprung)

Muskulatur
Oberschenkel-, Gesäß-, Rückenmuskulatur

Übungsbeschreibung
Ausgangsstellung wie bei der vorherigen Übung 11 (Step-up), auch mit Zusatzgewicht. Beim Aufsteigen findet
jedoch ein Abheben des Standbeins
statt. Der Körper wird in der «Luftphase» stabil gehalten. Nach der Landung direktes Absteigen auf den Boden.
  Anzahl:
• 6 Wiederholungen mit leichtem
Gewicht zum Aufwärmen (Richtwert:
2,5-kg-Kurzhantel), 90 Sek. Pause,
dann
• 3 Serien à 10–20 Wiederholungen
pro Bein (Richtwert: bei 10 Wdh. 10-
kg-Kurzhantel, bei 20 Wdh. 5-kg-
Kurzhantel), Pausen zwischen den Serien je 90 Sek.

Anmerkung / Korrektur
• Kurze Bodenkontakte mit dem
Standbein, schnell wieder
aufsteigen / abspringen.
• Kniewinkel des Schwungbeins in
der Luftphase bei 90 Grad fixieren.
• Volle Körperstreckung in der End-
stellung.
• Auf dynamische und rhythmische
Bewegung achten, zügige Aus-
führung, keine Pausen während der
Übung.
• Bei Belastung ausatmen.
  Diese Übung verbindet die Vorteile
der Dynamik beim Aufsteigen mit der
bremsenden Muskelaktivität beim Ab-
steigen.

❶

❷

(13) Lunger (Ausfallschritt)

Muskulatur

Oberschenkelrückseite, Gesäßmuskulatur, Oberschenkelinnenseite (Adduktoren)

Übungsbeschreibung

In der *Ausgangsstellung* hat der Spieler eine Hantelstange auf der Schulter. Es empfiehlt sich, die Hantelstange etwas abzupolstern. Nun wird das Standbein bis zum Großzehgelenk völlig gestreckt, die Hacke verlässt den Boden. Das Schwungbein wird zügig bis auf 90 Grad angezogen, die Zehen sind dabei zum Schienbein angezogen. Der nun folgende Ausfallschritt wird weit nach vorne unten gesetzt. Von hier aus soll der nächste Schritt möglichst schnell wieder gesetzt werden («heiße Erde») – es wird kein Verweilen in der tiefsten Position angestrebt. Der nächste Schritt wird wieder explosiv eingeleitet.

Anzahl:
- 5–8 Wiederholungen ohne Gewicht zum Aufwärmen (Richtwert: 20 kg, entspricht etwa der leeren Langhantelstange), 90 Sek. Pause, dann
- 3 Serien à 10–20 Schritte (Richtwert: bei 10 Wdh. + 10 kg, bei 20 Wdh. + 5 kg), Pausen zwischen den Serien je 90 Sek.

Anmerkung / Korrektur

- Das Kniegelenk ist in der Streckphase des Standbeins völlig gestreckt.
- Der Kniewinkel des Schwungbeins in der Beugephase beträgt 90 Grad.
- Während der gesamten Übungsausführung wird die Bauchmuskulatur angespannt, der Rücken und der Kopf bleiben aufrecht.
- Auf dynamische und rhythmische Bewegung achten, zügige Ausführung, keine Pausen während der Übung.
- Bei Belastung ausatmen.

Diese «Storchenschritte» mit Zusatzgewicht stellen sehr komplexe koordinative Anforderungen an den Körper. Genaues Üben ist hier unerlässlich.

(14) Leg Extension
(Quatrizeps-Streckung)

Muskulatur
Oberschenkelvorderseite (Quatriceps femoris mit allen vier Anteilen)

Übungsbeschreibung
In der *Ausgangsstellung* sitzt der Spieler aufrecht mit leicht zurückgeneigtem Oberkörper auf der Maschine. Die Kniegelenke sollen möglichst in Deckung mit der Drehachse des Trainingshebels stehen. Die Füße sind leicht angezogen. Der Oberkörper wird über die Arme auf der Sitzfläche fixiert, die Lendenwirbelsäule hat Kontakt zur Rückenlehne. Nun werden beide Beine gegen den Widerstand nach vorne oben geführt. Die Bewegung stoppt, kurz bevor die Knie völlig gestreckt sind, und es wird sofort, ohne zu verweilen, die Abwärtsbewegung eingeleitet. Dabei wird die Oberschenkelvorderseite kontrollierend, bremsend eingesetzt. Die Zehen bleiben zum Schienbein hin angezogen, der Oberkörper bleibt über die Arme an der Lehne fixiert, das Becken bleibt ruhig.

Anzahl:
• 5 Wiederholungen mit leichtem Gewicht zum Aufwärmen (Richtwert: 50 Prozent der max. Leistungsstärke), 90 Sek. Pause, dann

• 3 Serien à 10–20 Wiederholungen beidbeinig (Richtwert: bei 10 Wdh. 80 Prozent, bei 20 Wdh. 60 Prozent der max. Leistungsstärke), Pausen zwischen den Serien je 90 Sek.

Anmerkung / Korrektur
• Die Kniegelenke dürfen in der Streckphase nicht ganz gestreckt werden – nicht mit Schwung arbeiten!
• Der Kniewinkel in der Beugephase darf bei sehr hohen Gewichten nicht kleiner sein als 90 Grad.
• Während der gesamten Übungsausführung das Gesäß, den Bauch, den Rücken und die Schultern anspannen und den Kopf aufrecht halten.
• Auf dynamische und rhythmische Bewegung achten, zügige Ausführung, keine Pausen während der Übung.
• Bei Belastung ausatmen.

Es sollte dringend darauf geachtet werden, dass die Abwärtsbewegung langsam und kontrolliert durchgeführt wird, weil es bei einem zu plötzlichen Start zu einem sehr hohen Anpressdruck auf der Rückseite der Kniescheibe kommt, was mit der Zeit zu chronischen Schäden führen kann.

Armkraft

(15) Butterfly Reverse
(Brust rückwärts)

Muskulatur
Rücken-, Schultermuskulatur

Übungsbeschreibung
In der *Ausgangsstellung* liegt der Spieler mit dem Bauch auf der Schrägbank, die Füße sind am Boden abgestützt. Die Arme hängen mit den Gewichten in den Händen seitlich herab, leicht im Ellenbogen gebeugt. Die Stirn ist zur Unterlage gerichtet, der Rücken wird angespannt. Nun werden die Hanteln seitlich nach oben geführt. Die Brust und die Stirnplatte bleiben weiterhin auf der Unterlage. Die Schulterblätter dürfen sich in der Mitte berühren, die Ellenbogen bleiben leicht gebeugt. In der Abwärtsbewegung werden die Hanteln langsam und kontrolliert nach unten gebracht.
Anzahl:
• 10 Wiederholungen mit leichtem Gewicht zum Aufwärmen (Richtwert: 2,5-kg-Kurzhantel), 60 Sek. Pause, dann
• 3 Serien à 12–20 Wiederholungen (Richtwert: bei 12 Wdh. bis zu 10-kg-Kurzhantel, bei 20 Wdh. bis zu 5-kg-Kurzhantel), Pausen zwischen den Serien je 90 Sek.

Anmerkung / Korrektur
• Die Beine bleiben während der gesamten Übungsausführung am Boden. Während der gesamten Bewegung Gesäß, Bauch, Rücken und Schultern anspannen und den Kopf in Verlängerung der Wirbelsäule lassen, Stirn auf der Unterlage.
• Bewegungsrichtung sauber und gerade.
• Auf dynamische und rhythmische Bewegung achten, zügige Ausführung, keine Pausen während der Übung.
• Bei Belastung ausatmen.
  Diese Übung sollte anstelle der verbreiteten Butterfly-Übungen ausgeführt werden. Die hier trainierte Muskulatur ist für die Stabilisation und den Wurf zuständig.

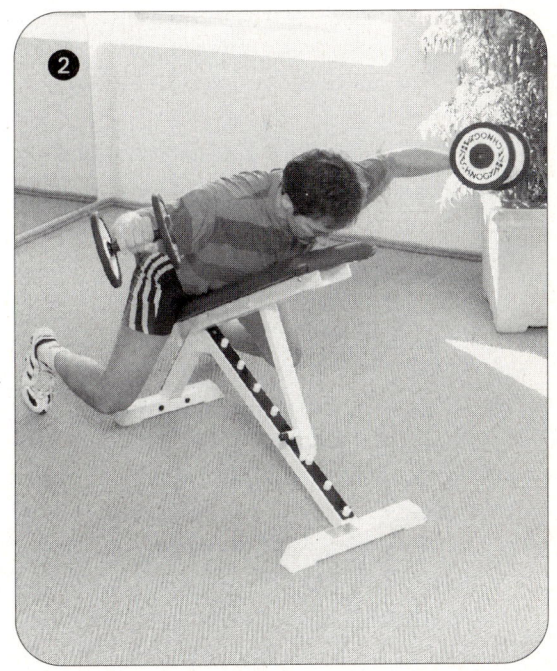

(16) Dumbbell Incline Bench Press (Beidarmiges Schrägbankdrücken)

Muskulatur
Oberarme, Brust- und Schultermuskulatur

Übungsbeschreibung
In der *Ausgangsstellung* liegt der Spieler in Rückenlage auf der Schrägbank. Vom Hinterkopf bis zur unteren Lendenwirbelsäule besteht Kontakt mit der Unterlage. Die Füße sind am Boden aufgestellt. Die Kurzhanteln werden aufgenommen und nach oben gestreckt. Die Kurzhanteln berühren sich leicht. Nun werden die Hanteln bis auf 90 Grad langsam und kontrolliert abgesenkt. Unter- und Oberarme bilden dabei einen rechten Winkel. Je höher die Gewichte, desto schwieriger ist diese Position zu realisieren. In der *Endstellung* müssen unbedingt die Rumpf- und Rückenmuskeln angespannt werden. Von hier aus werden die Hanteln sofort wieder nach oben gedrückt. Die Bewegung darf nicht aus dem Hohlkreuz oder aus den Beinen eingeleitet werden. Synchron sollten sich die beiden Kurzhanteln gleichzeitig in der Ausgangsstellung wieder finden und leicht berühren.

Anzahl:
• 5 Wiederholungen mit leichtem Gewicht zum Aufwärmen (Richtwert: 50 Prozent der max. Leistungsstärke), 60 Sek. Pause, dann
• 3 Serien à 8–12 Wiederholungen (Richtwert: bei 8 Wdh. 80 Prozent, bei 12 Wdh. 70 Prozent der max. Leistungsstärke), Pausen zwischen den Serien je 90 Sek.

Anmerkung / Korrektur
• Gewichte so wählen, dass die Bewegung sauber und korrekt durchgeführt werden kann!
• Der Rücken hat während der gesamten Übungsausführung vollen Kontakt mit der Unterlage.
• Der Armwinkel beträgt in der tiefsten Position 90 Grad.
• Während der Bewegung Gesäß, Bauch, Rücken und Schultern anspannen, Kopf auf der Unterlage halten.
• Auf dynamische und rhythmische Bewegung achten, zügige Ausführung, keine Pausen während der Übung.
• Bei Belastung ausatmen.

Diese Übung dient auch der Koordination von synchronen Bewegungen der Arme. Da die beiden Hanteln isoliert bewegt werden müssen, ist die Übung nicht für Anfänger geeignet. Die Wahl des Gewichts ist entscheidend, da die technische Übungsausführung davon abhängt, wie sauber die Gewichte bewegt werden können.

(17) Lying Triceps Extension (Liegende Trizepsübung)

Muskulatur
Armstreckmuskulatur: Dreiköpfiger Oberarmmuskel (Triceps brachii)

Übungsbeschreibung
In der *Ausgangsstellung* liegt der Spieler in Rückenlage auf der Bank. Die Beine werden in zwei 90-Grad-Winkeln in Hüfte und Knien angehoben, die Lendenwirbelsäule wird so auf der Unterlage fixiert. Der Oberkörper liegt so weit am Ende der Bank, dass der Hinterkopf noch aufliegt, aber ein Üben über das Bankende mit der Hantelstange möglich ist. Das Gewicht wird in beide Hände genommen. Die Ellenbogen zeigen zur Decke, und die Hantel wird hinter dem Kopf über das Bankende abgelassen. Nun werden die Arme gestreckt. Dabei zeigen die Ellenbogen weiterhin in Richtung Decke, die Oberarme bleiben möglichst ruhig. Lediglich durch die Unterarme wird die Hantelstange nach oben gehoben, bis die Ellenbogen fast ganz gestreckt sind. In der direkt anschließenden Abwärtsbewegung wird die Hantelstange langsam und kontrolliert in die Ausgangsstellung zurückgeführt.

Anzahl:
• 5 Wiederholungen mit leichtem Gewicht zum Aufwärmen (Richtwert: 50 Prozent der max. Leistungsstärke), 60 Sek. Pause, dann
• 3 Serien à 8–15 Wiederholungen (Richtwert: bei 8 Wdh. 80 Prozent, bei 15 Wdh. 70 Prozent der max. Leistungsstärke), Pausen zwischen den Serien je 90 Sek.

Anmerkung / Korrektur
• Lendenwirbelsäule auf der Unterlage fixieren, nicht ins Hohlkreuz fallen!
• Während der Bewegung Gesäß, Bauch, Rücken und Schultern anspannen, den Kopf ruhig halten.
• Keine Mitbewegung von Rumpf, Schultergürtel, Oberarmen – die Bewegung nur über die Unterarme realisieren!
• Auf dynamische und rhythmische Bewegung achten, zügige Ausführung, keine Pausen während der Übung.
• Bei Belastung ausatmen.

Diese Armstreckmuskulatur hat für den Basketball eine besondere Bedeutung, da mit ihrer Hilfe alle Wurfbewegungen stattfinden. Diese Muskulatur sollte auf der Basis einer guten Kraftausdauer sehr gut ausgebildet sein und schnellkräftig arbeiten können.

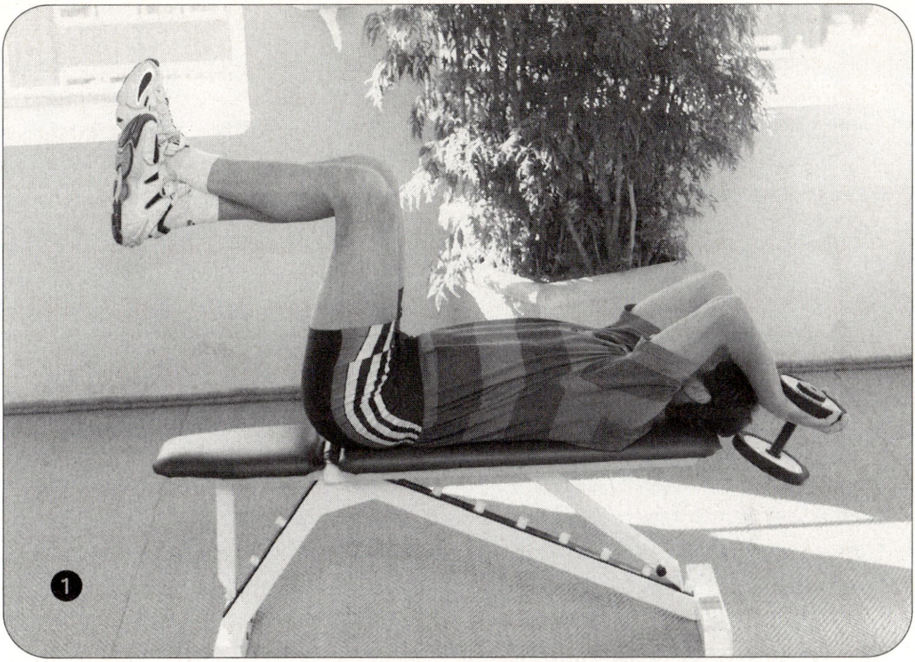

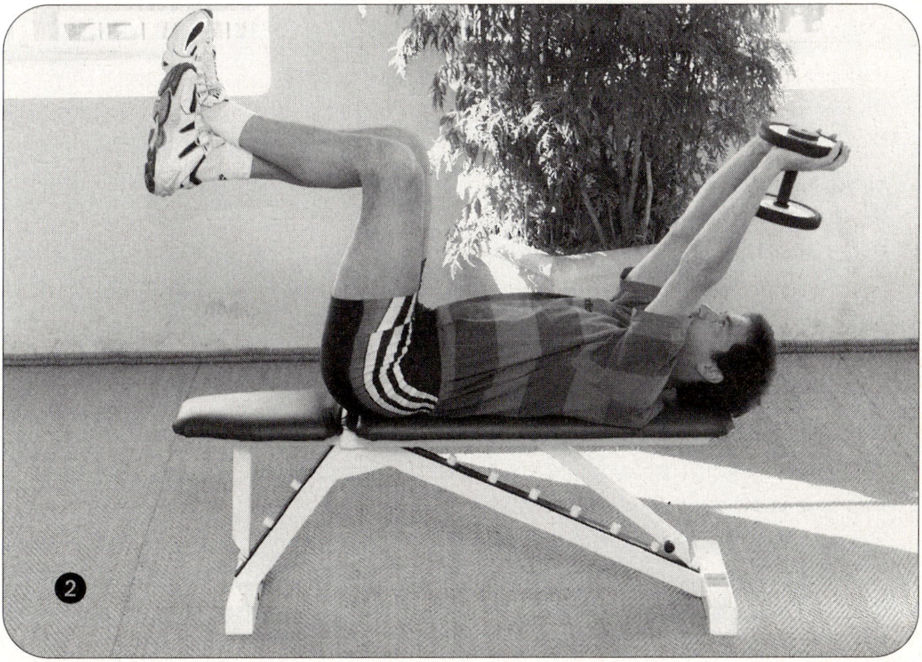

(18) Bizeps Curl (Bizepsanzug)

Muskulatur
Armbeugemuskulatur: Zweiköpfiger Oberarmmuskel (Biceps brachii)

Übungsbeschreibung
In der *Ausgangsstellung* sitzt der Spieler auf einer Bank, die Rückenlehne ist leicht nach hinten geneigt. Die Lendenwirbelsäule sollte während der gesamten Übungsausführung Kontakt zur Lehne haben. Die Beine haben einen stabilen Stand am Boden. Die Arme hängen seitlich herab, leicht nach innen rotiert. Die Daumen zeigen nach vorne. Nun wird die Hantel gleichmäßig zum Oberarm herangeführt. Dabei werden die Ellenbogen deutlich über 90 Grad gebeugt, bis die Hantel mit beiden Armen in die höchste Position gebracht worden ist. Über den gesamten Bewegungsablauf werden die Hanteln leicht rotiert, sodass die Daumen in der *Endstellung* jeweils nach außen zeigen. Beim Absenken der Hanteln ist darauf zu achten, dass die Bewegung kontrolliert ausgeführt wird und das Ellenbogengelenk nicht voll gestreckt wird.
  Anzahl:
• 5 Wiederholungen mit leichtem Gewicht zum Aufwärmen (Richtwert: 50 Prozent der max. Leistungsstärke), 90 Sek. Pause, dann

• 3 Serien à 10–20 Wiederholungen (Richtwert: bei 10 Wdh. 80 Prozent, bei 20 Wdh. 60 Prozent der max. Leistungsstärke), Pausen zwischen den Serien je 90 Sek.

Anmerkung / Korrektur
• Nicht mit Schwung arbeiten.
• Während der Bewegung Gesäß, Bauch, Rücken und Schultern anspannen, den Kopf ruhig halten.
• Auf dynamische und rhythmische Bewegung achten, zügige Ausführung, keine Pausen während der Übung.
• Bei Belastung ausatmen.
  Der Zweiköpfige Oberarmmuskel arbeitet mit dem Dreiköpfigen Oberarmmuskel, der in Übung 17 (Lying Triceps Extension) trainiert wird, in funktioneller Weise zusammen. Wenn sich der eine Muskel verkürzt und arbeitet, muss der andere Muskel nachgeben.

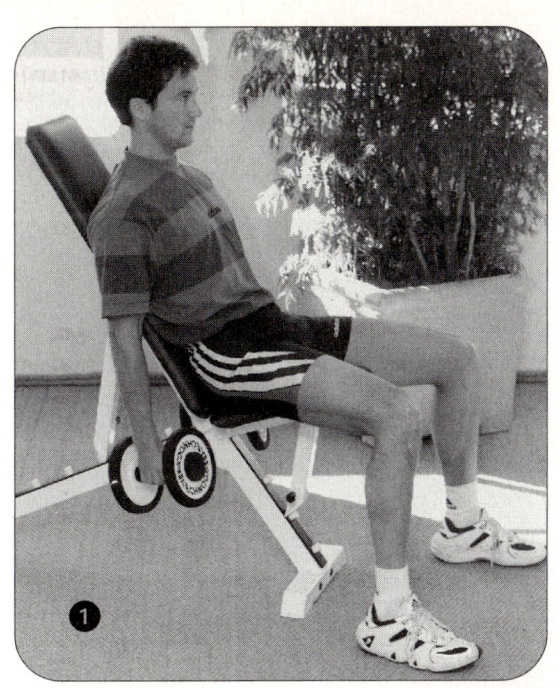

(19) Lateral Shoulder Raises (Seitliches Schulterheben)

Muskulatur

Rotatorenmanschette: Deltamuskel, Obergrätenmuskel (Supraspinatus), Kapuzenmuskel (Trapezius), Rautenmuskel (Rhomboideus), Schulterblattheber (Levator scapulae)

Diese Übung verlangt eine sehr gute Kontrolle im Bereich von Becken und Lendenwirbelsäule. Dafür werden während der gesamten Übung die Knie leicht abgewinkelt, der Oberkörper befindet sich in leichter Vorneigung.

Übungsbeschreibung

In der *Ausgangsstellung* steht der Spieler aufrecht mit den Kurzhanteln in beiden Händen. Nun werden die Arme von unten über die Seite bis in die Waagrechte (Schulterhöhe) angehoben, dann kontrolliert bremsend wieder zurückgeführt. Während der gesamten Übungsausführung sind die Ellenbogen leicht gebeugt, der Kopf bleibt in Verlängerung der Wirbelsäule.

Anzahl:
• 5 Wiederholungen mit leichtem Gewicht zum Aufwärmen (Richtwert: 50 Prozent der max. Leistungsstärke), 90 Sek. Pause, dann
• 3 Serien à 15–30 Wiederholungen (Richtwert: bei 15 Wdh. 70 Prozent, bei 30 Wdh. 60 Prozent der max. Leistungsstärke), Pausen zwischen den Serien je 90 Sek.

Anmerkung / Korrektur

• Die Kniegelenke sind leicht gebeugt.
• Während der Bewegung Gesäß, Bauch, Rücken und Schultern anspannen, den Kopf ruhig halten.
• Nicht mit Schwung üben.
• Auf dynamische und rhythmische Bewegung achten, zügige Ausführung, keine Pausen während der Übung.
• Bei Belastung ausatmen.

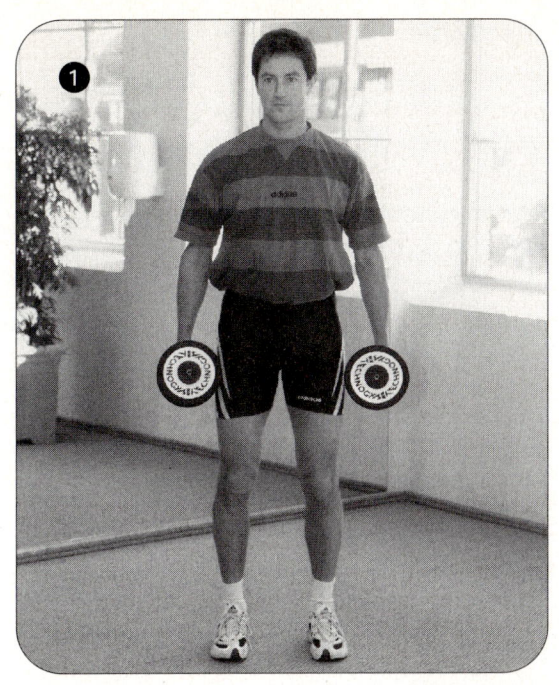

Trainingsprogramm Jugendspieler

Dieses Krafttrainingsprogramm für Jugendspieler bis 16 Jahre kann zur Saisonvorbereitung 3-mal pro Woche durchgeführt werden.
1. **20 Min. Einlaufen: lockerer Dauerlauf**
2. **10 Min. Dehnungs- und Tonisierungsübungen (s. Kapitel «Flexibilität», S. 12 ff.)**
3. **Trainingsprogramm Körperstabilisation (vgl. S. 76):**

Zirkeltraining, Variante 1
3 Durchgänge: *40 Sek. Belastung – 40 Sek. Pause –* in den Pausen leichtes Traben mit Ball 3 Runden um das Basketballfeld, oder

Zirkeltraining, Variante 2 (Steigerung)
3 Durchgänge: *40 Sek. Belastung – 30 Sek. Pause –* in den Pausen leichtes Traben mit Ball 3 Runden um das Basketballfeld.

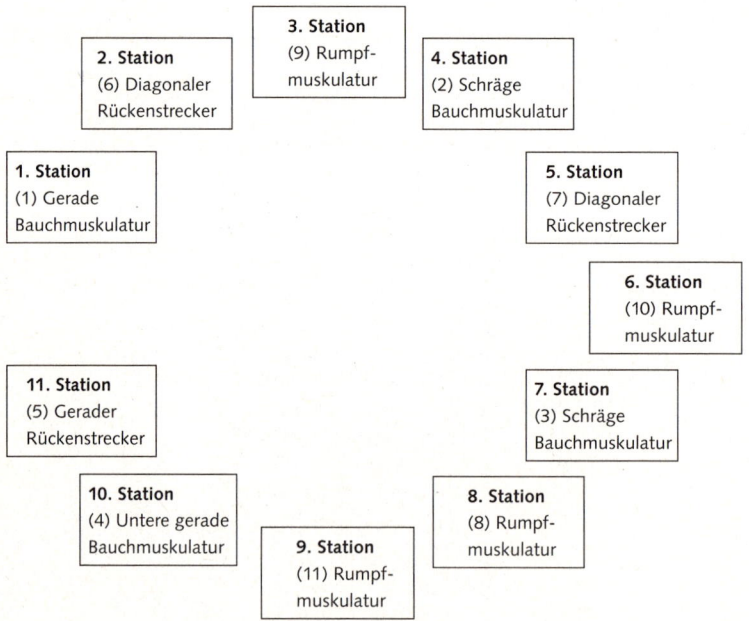

Übersicht: Zirkel-Trainingsprogramm Körperstabilisation

4. Seilplan: 4 x 3 Min. Seilsprünge (s. S. 148)

1. Serie (3 Min.)	2. Serie (3 Min.)	3. Serie (3 Min.)	4. Serie (3 Min.)
One Leg Two Legs High Box ˣ	One Leg Two Legs Right-Left Box	Two Legs High Box Left-Right Forward-Back	Two Legs High Aus FGL Box
Alle 30 Sek. Sprung-variante ändern	Alle 30 Sek. Sprung-variante ändern	Alle 30 Sek. Sprung-variante ändern	Alle 30 Sek. Sprung-variante ändern

ˣ **Box: In einem Viereck springen**

5. 20 Min. Auslaufen: lockerer Dauerlauf

Trainingsprogramm Juniorenspieler

Dieses Krafttrainingsprogramm für Juniorenspieler bis 19 Jahre kann zur Saison-vorbereitung 3-mal pro Woche durchgeführt werden.

1. 20 Min. Einlaufen: lockerer Dauerlauf

2. 10 Min. Dehnungs- und Tonisierungsübungen (s. Kapitel «Flexibilität», S. 12 ff.)

3. Kraftplan: Übungen wie in diesem Kapitel beschrieben

   Wichtig:

   • Block 1 und Block 2 werden an zwei verschiedenen Tagen mit mindestens einem Ruhetag dazwischen durchgeführt.

   • Das Gewicht wird so gewählt, dass die angegebenen Wiederholungszahlen auch zu erreichen sind.

   • Die Prozentangaben gehen von 100 Prozent maximaler Kraftleistung aus (entspricht dem 1-mal zu realisierenden Gewicht).

Block 1

Crunch (Bauchaufzug), Ü (3), S. 86

| 40 x | 20 x | 20 x | 40 x |
| Gerade | Schräg | Schräg | Gerade |

Back Extension (Rückenaufzug), Ü (4), S.88

| 40 x | 1 Min. | 40 x | 1 Min. |
| Dynamisch | Statisch | Dynamisch | Statisch |

Bench Press (Bankdrücken), Ü (1), S. 82

| 15 x | 10 x | 15 x | 15 x |

Bizeps Curl (Bizepsanzug), Ü (18), S.116

| 15 x | 10 x | 15 x | 15 x |

Lying Triceps Extension (Liegende Trizepsübung), Ü (17), S.114

| 15 x | 10 x | 15 x | 15 x |

Butterfly Reverse (Brust rückwärts), Ü (15), S.110

| 15 x | 10 x | 15 x | 15 x |

Lat Pull (Lat-Zug), Ü (2), S. 84

| 60 % | 70 % | 60 % | 70 % |
| 15 x | 10 x | 15 x | 10 x |

und zusätzlich

4. Seilplan: 5 x 3 Min. Seilsprünge (s. S. 149)

1. Serie (3 Min.)	2. Serie (3 Min.)	3. Serie (3 Min.)	4. Serie (3 Min.)	5. Serie (3 Min.)
One Leg Two Legs High Box	One Leg Two Legs Right-Left Box	Two Legs High Box Left-Right Forward-Back	Two Legs High Aus FGL Box	Aus FGL Box Running High-Forward-Back
Alle 30 Sek. Sprungvariante ändern	Alle 30 Sek. Sprungvariante ändern	Alle 30 Sek. Sprungvariante ändern	Alle 30 Sek. Sprungvariante ändern	Alle 30 Sek. Sprungvariante ändern

Block 2

Leg Extension (Quatrizeps-Streckung), Ü (14), S. 108

15 x   10 x   15 x   15 x

Hamstring Curls (Beinbeugeranzug), Ü (8), S. 96

15 x   10 x   15 x   15 x

Squat (Kniebeuge), Ü (9), S. 98

20 x   15 x   10 x   15 x   20 x

Crunch (Bauchaufzug), Ü (3), S. 86

40 x   20 x   20 x   40 x

Gerade   Schräg   Schräg   Gerade

Back Extension (Rückenaufzug), Ü (4), S. 88

40 x   1 Min.   40 x   1 Min.

Dynamisch   Statisch   Dynamisch   Statisch

und zusätzlich

5. Sprungplan: 150 Sprünge (s. S. 150)

Übungsbeschreibung	Anzahl	Pause	Anmerkung/Korrektur
Fußgelenksprünge: Arme in die Hüfte, nur aus dem Fußgelenk springen.	50	1 Min. locker traben	Variation der Sprünge: gerade Schrittwechsel usw.
Tiefe Froschsprünge: Hocke, Hände tippen auf den Boden, Absprung, in der Luft Fußspitzen anziehen, leise landen und wieder in die Hocke gehen usw.	6 x 10	1 Min. locker traben	–
Fußgelenksprünge: Arme in die Hüfte, nur aus dem Fußgelenk springen.	40	1 Min. locker traben	Variation der Sprünge: z. B. gerade, Schrittwechsel usw.

6. Auslaufen: 20 Min. lockerer Dauerlauf

Trainingsprogramm Spieler über 19 Jahre

Dieses Krafttrainingsprogramm für Spieler über 19 Jahre kann zur Saisonvorbereitung 3-mal pro Woche durchgeführt werden.

1. 30 Min. Einlaufen: lockerer Dauerlauf

2. 10 Min. Dehnungs- und Tonisierungsübungen
(s. Kapitel «Flexibilität», S. 13)

3. Im Wechsel: 5 x 3 Min. Seilspringen oder Sprungplan

4. Kraftplan: Übungen wie in diesem Kapitel beschrieben
   Wichtig:

• 1. Tag Block 1 – nächster Trainingstag Block 2 – nächster Trainingstag Block 3 usw.

• Das Gewicht wird so gewählt, dass die angegebenen Wiederholungszahlen auch zu erreichen sind.

• Die Prozentangaben gehen von 100 Prozent maximaler Kraftleistung aus (entspricht dem 1-mal zu realisierenden Gewicht).

Block 1

Bench Press (Bankdrücken), Ü (1), S. 82

70%	80%	90%	100%	90%	80%	70%	60%	50%
10 x	8 x	4 x	1 x	5 x	10 x	12 x	15 x	20 x

Butterfly Reverse (Brust rückwärts), Ü (15), S. 110

15 x	10 x	15 x	15 x

Lat Pull (Lat-Zug), Ü (2), S. 84

60%	70%	80%	90%	80%	70%	60%	50%	40%
15 x	10 x	5 x	1 x	5 x	10 x	15 x	20 x	30 x

Jump-up (Aufsteigesprung), Ü (12), S.104

15 x	10 x	15 x	15 x

Crunch (Bauchaufzug), Ü (3), S. 86

40 x	20 x	20 x	40 x
Gerade	Schräg	Schräg	Gerade

Back Extension (Rückenaufzug), Ü (4), S. 88

40 x	1 Min.	40 x	1 Min.
Dynamisch	Statisch	Dynamisch	Statisch

Block 2

Leg Extension (Quatrizeps-Streckung), Ü (14), S. 108

| 15 x | 10 x | 15 x | 15 x |

Hamstring Curl (Beinbeugeranzug), Ü (8), S. 96

| 15 x | 10 x | 15 x | 15 x |

Bizeps Curl (Bizepsanzug), Ü (18), S. 116

| 15 x | 10 x | 15 x | 15 x |

Lying Triceps Extension (Liegende Trizepsübung), Ü (17), S. 114

| 15 x | 10 x | 15 x | 15 x |

Crunch (Bauchaufzug), Ü (3), S. 86

| 40 x | 20 x | 20 x | 40 x |
| Gerade | Schräg | Schräg | Gerade |

Back Extension (Rückenaufzug), Ü (4), S. 88

| 40 x | 1 Min. | 40 x | 1 Min. |
| Dynamisch | Statisch | Dynamisch | Statisch |

Block 3

Drill (Rumpfdrehen), Ü (6), S. 92			
30 x	20 x	15 x	30 x

Squat (Kniebeuge), Ü (9), S. 98				
20 x	15 x	10 x	15 x	20 x

Crunch (Bauchaufzug), Ü (3), S. 86			
40 x	20 x	20 x	40 x
Gerade	Schräg	Schräg	Gerade

Back Extension (Rückenaufzug), Ü (4), S. 88			
40 x	1 Min.	40 x	1 Min.
Dynamisch	Statisch	Dynamisch	Statisch

5. Auslaufen: 20 Min. lockerer Dauerlauf

Sprungkraft

Grundlagen: Formen der Sprungkraft

In der Sportart Basketball ist die Sprungkraft eine spielentscheidende Größe. Sie trägt sehr dazu bei, das athletische Niveau in den Bereichen Schnelligkeit und Beweglichkeit und Koordination zu verbessern. Trotzdem wird sie oftmals nicht isoliert und konsequent genug trainiert. Ein rein spielorientiertes Basketballtraining allein ist nicht dazu geeignet, die Sprungkraft zu erhalten oder zu verbessern. Da die Sprungkraft für Aktionen wie den Rebound, den Korbleger, den Dunk oder andere Sprungsituationen unerlässlich ist, sollte sie gezielt ohne Periodisierung das ganze Jahr über trainiert werden. Sprungkraft setzt sich aus *Schnellkraft, Maximalkraft* und *Reaktivkraft* zusammen. In diesem Sinne werden hier die folgenden Möglichkeiten des Sprungkrafttrainings dargestellt.

- *Reaktives plyometrisches Training* (9 Übungen),
- *Seilsprungtraining quantitativ / qualitativ* (3 Seilpläne),
- *kombiniertes Sprungtraining* (2 Sprungprogramme) und
- *anwendungsorientiertes Kraft-,*

Sprint- und Sprungtraining (Treppensprünge).

Tipp: Die Programme, die mit dem CD-Rom-Symbol 🖸 gekennzeichnet sind, werden auf der beiliegenden CD-ROM im Video-Clip vorgestellt.

Praxis:
Übungsformen Sprungkraft

Reaktives plyometrisches Training

Plyometrie ist eine Methode zur Entwicklung der Reaktivkraft, die für eine der wichtigsten Komponenten des athletischen Basketballspiels steht. Der Begriff Plyometrie geht auf den griechischen Begriff «plythyein» für «steigern» oder «erhöhen» zurück. Die Grundbegriffe «plio» und «metric» bedeuten «mehr» und «messen» (vgl. Radcliffe / Farentinos 1990).

Plyometrische Übungen sind Sprungübungen, bei denen es sehr auf die Aktionsschnelligkeit und Reaktivität ankommt. Lange Bodenkontaktzeiten werden bei dieser Trainingsform vermieden. Die Bewegungspausen finden in den Stabilisierungsphasen der Ausgangsstellungen der Bewegungen statt, d. h., es wird so lange schnell trainiert, bis die Startposition wieder erreicht ist. Die Besonderheit der plyometrischen Sprungübungen liegt in der raschen Aufeinanderfolge von aktiven und reaktiven Aktionen. Die Summe der schnellen Übungen macht den Reiz aus. Da die Übungselemente koordinativ sehr anspruchsvoll sind, muss eine Phase des Lernens und Einschleifens der Übungen mit eingerechnet werden.

Plyometrische Übungen werden in zahlreichen Sportarten durchgeführt, bei denen die Schnellkraft wichtig ist. Ein Basketballspieler, der z. B. den Ball wirft und unmittelbar darauf erneut hochspringt, um den Rebound zu sichern oder den Ball in den Korb zu tippen, kann sehr von plyometrischen Übungen profitieren.

Hier werden 9 ausgesuchte plyometrische Sprungübungen für Basketballer vorgestellt. Die Wiederholungszahl und die Serien sind daran orientiert, dass die Übungen im Rahmen eines reinen Sprungkrafttrainings stattfinden. D.h., diese Übungen sind besonders sinnvoll nach dem Sprinttraining oder dem gezielten Krafttraining.

Bei Ungeübten kann das plyometrische Sprungkrafttraining leicht zu Überlastungsschäden führen. Es empfiehlt sich generell, nicht mehr als 3 Übungen in Folge auszuführen. Zuerst sollten einbeinige, dann zweibeinige Übungen ausgeführt werden.

Für plyometrische Übungen gilt zudem: Nicht die Anzahl der Wiederholungen ist wichtig, sondern die Schnelligkeit und die Sauberkeit der Ausführung. Es ist besser, eine Übung nur 5-mal sehr schnell und sauber auszuführen, als sie langsamer, aber häufiger zu trainieren.

(1) Hop seitwärts 📀

Muskulatur
Oberschenkelaußenseite (Abduktoren)

Übungsausführung
Zwei Markierungen stehen im Abstand von 60 cm. In der *Ausgangsstellung* steht der Spieler aufrecht und entspannt neben einer der Markierungen. Die Arme sind leicht angewinkelt, damit er das Gleichgewicht besser unterstützen kann. Nun springt der Spieler beidbeinig seitlich ohne Zwischensprung über beide Markierungen.

Variation: Die Markierungen stehen etwa 80 cm auseinander. Der Spieler führt beidbeinige seitliche Sprünge über die Markierungen mit einem Zwischensprung aus.

Anzahl: 5 Serien à 10 Wiederholungen, 90 Sek. Pause.

Anmerkung / Korrektur
• Auf den Einsatz der Arme achten: Daumen zur Decke, Arme als Schwungelement einsetzen.
• Auf kurze Bodenkontaktzeiten achten: «heiße Erde».

Durch diese Übung werden die Sprung- und Kniegelenke stabilisiert, und die seitlich gerichtete Explosivkraft der Beine und Hüften wird verbessert.

Diese Übung ist sehr wichtig für die großen Spieler, die seitliche Beschleunigungsfähigkeiten brauchen, die also nach einer Aktion (z. B. Landung) sofort wieder einen Richtungswechsel vornehmen müssen.

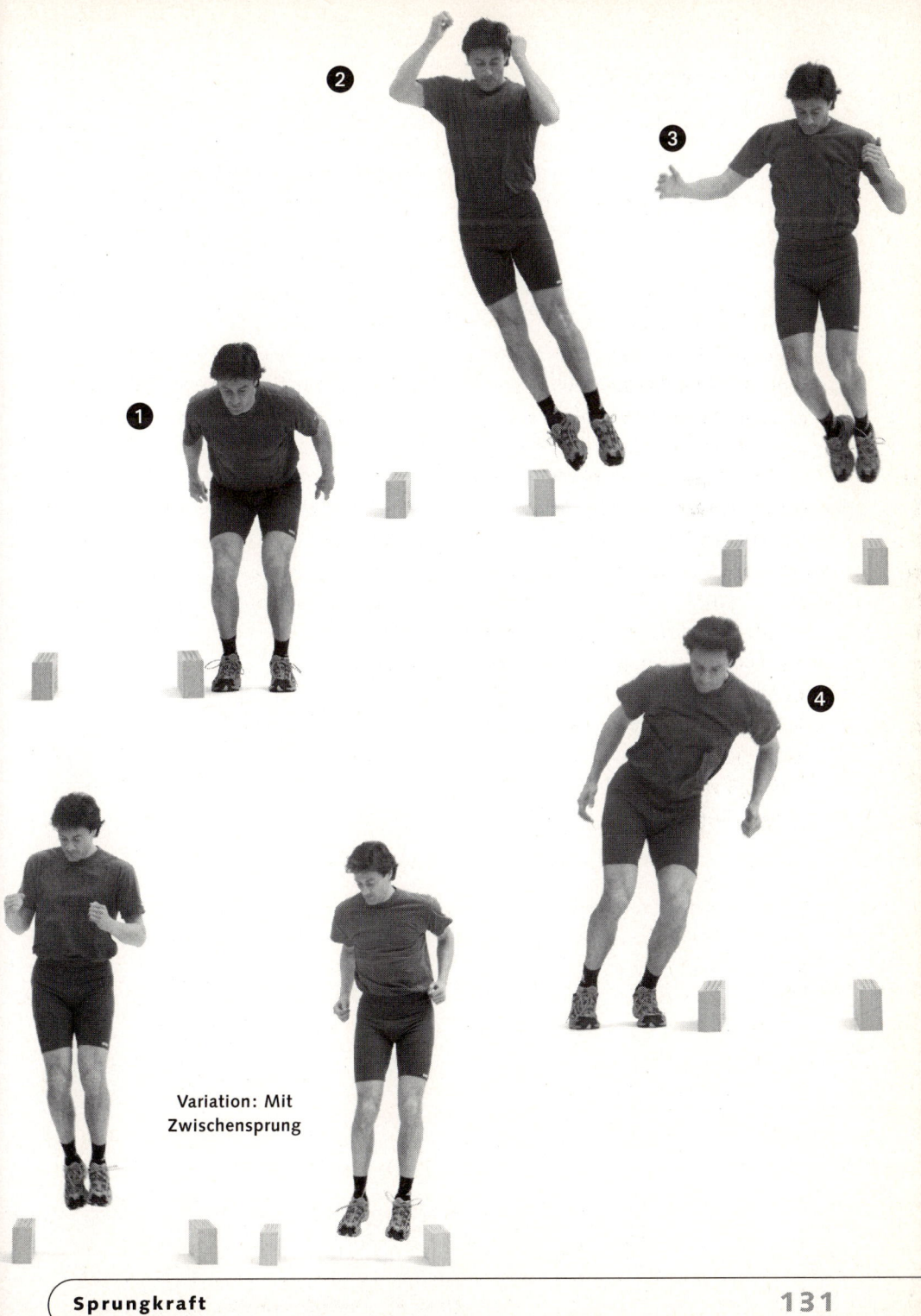

1

2

3

4

Variation: Mit
Zwischensprung

(2) Ausfall-Jump 💿

Muskulatur

Hintere Oberschenkelmuskulatur, Gesäßmuskulatur, Lendenmuskulatur

Übungsbeschreibung

Ausgangsstellung: Das vordere Bein
steht mit etwa 90 Grad Beugung über
der Körperlängsachse. Das hintere
Bein steht ebenfalls über der Körperlängsachse, so wie bei einem langen
Schritt. Aus dem Ausfallschritt («Storchenschritt») werden tiefe Ausfall-
schrittsprünge gemacht. Jeder Sprung
sollte explosiv und so hoch und gerade wie möglich sein. Die Arme unterstützen den Schwung, die Grätschstellung der Beine wird in der Luft beibehalten. Das vordere Bein bereitet die
Landung abbremsend vor.

Anzahl: 4 Serien à 8–12 Wiederholungen je Bein, je 90 Sek. Pause.

Variation: Wie zuvor, aber in der Luft
findet ein Schrittwechsel statt.

Anzahl: 4 Serien à 20 Wiederholungen, je 90 Sek. Pause.

Anmerkung / Korrektur

• Arme sind in der Hüfte fixiert.
• Maximale Sprunghöhe, der Ober-
körper bleibt ruhig.
• «Leise» landen, auf kurze Boden-
kontaktzeiten achten: «heiße Erde».
• *Variation:* Auf maximal schnelle
Schrittwechselaktion achten.

Diese sehr anstrengende Form der
Einbein-Sprungvariante muss auf ebe-
nem Untergrund ausgeführt werden.
Ausfall-Jumps sind die geeigneten
Übungen zur Verbesserung der
Schrittweite und der Beschleunigungs-
fähigkeit beim Sprint.

(3) Beidbeiniger Schnelligkeits-Hop ▣

Muskulatur
Bein- und Hüftmuskulatur

Übungsbeschreibung
Die *Ausgangsstellung* ist die halbe
Kniebeuge. Die Arme hängen locker
an der Seite, die Schultern sind nach
vorne bis über die Knieachse hinaus
verlagert. Durch einen nach vorne
oben gerichteten Armschwung und
die völlige Hüftgelenkstreckung und
dann Körperstreckung (Arme zur
Decke) soll eine maximale Höhe und
Weite bei jedem Sprung erreicht werden. Jede Landung endet wieder in
der Ausgangsstellung, dann wieder
sofortiger Absprung.
   Anzahl: 3–5 Serien à 10–12 Wiederholungen, 90 Sek. Pause.

Anmerkung / Korrektur
• Beidbeiniger reaktiver Armschwung
mit «Hub-und-Block»-Phase.
• Oberkörper bleibt aufrecht.
• Auf kurze Bodenkontaktzeiten ach-
ten: «heiße Erde».

(4) Beidbeiniger Kniehock-Jump ⬚

Muskulatur
Bein- und Hüftmuskulatur

Übungsbeschreibung
Die *Ausgangsstellung* ist die bequeme
aufrechte Haltung, die Handflächen
zeigen nach unten, die Arme befinden
sich vor der Brust. Nun geht der Spieler eine Viertelkniebeuge in die Knie,
um dann explosiv nach oben abzu-
springen. In der Luft werden die Knie
aktiv an die Brust gezogen, bis sie die
Handflächen berühren. Unmittelbar
nach der Landung wird der nächste
Sprung eingeleitet.
Anzahl: 3–5 Serien à 10–12 Wiederholungen, 90 Sek. Pause.

Anmerkung / Korrektur
• Oberkörper aufrecht, Blick geradeaus.
• Auf kurze Bodenkontaktzeiten achten: «heiße Erde».
• Die Übung sollte auf festem Untergrund durchgeführt werden.

(5) Storchenschritte mit Zusatzgewichten ⊡

Muskulatur

Oberschenkel / Unterschenkel / gesamte Streckschlinge

Übungsbeschreibung

In der *Ausgangsstellung* reicht zu Beginn der Übung ein leichter Besenstiel, um die aufrechte Haltung zu gewährleisten. Später wird dieser Besenstiel durch eine Hantelstange (etwa 20 kg), noch später mit weiteren Zusatzgewichten ersetzt. Die Stange wird auf der Schulter fixiert, die Haltung ist aufrecht. Mit einem Kniehebegehen, dem «Storchenschritt», beginnt die Übung. Dabei wird ein Knie sehr hoch nach vorne oben geführt. Das Standbein geht auf den Zehen (volle Standbeinstreckung inklusive der Hüfte). In der tiefsten Phase dieser Übung soll der Bodenkontakt sehr kurz gehalten werden, um explosiv wieder den nächsten Schritt nach oben einzuleiten. Hier wird dann die statische Haltephase möglichst lange mit kompletter Standbein- und Hüftstreckung realisiert. Die Zehen des Spielbeins sind angezogen, der Oberkörper bleibt während der gesamten Übungsausführung aufrecht.

Anzahl: 3–5 Serien à 10–12 Wiederholungen, 90 Sek. Pause.

Anmerkung / Korrektur

• Der Oberkörper wird über die Anspannung der Rumpfmuskulatur aufrecht gehalten!

• Schneller Schrittwechsel, kurze Bodenkontaktzeiten.

• Komplette Streckung des Standbeins und der Hüfte, die Zehen des Spielbeins sind angezogen und bereiten den nächsten Schritt vor.

Diese Übung sieht auf den ersten Blick nicht aus wie eine plyometrisch explosiv-reaktive Übung. Da sie aber koordinativ extrem anspruchsvoll ist und in den entscheidenden Momenten sehr schnelle reaktive «Umschaltprozesse» fordert, gehört sie zu den plyometrischen Übungen.

(6) Hot Step 🔲

Muskulatur
Unterschenkelmuskulatur

Übungsbeschreibung
Ausgangsstellung: beidbeiniger lockerer Stand. Die Arme schwingen am
Körper vorbei und ziehen ein Knie mit
in die Höhe. Das angezogene Knie
wird über die Steuerung der Arme
(Hände über die Augenhöhe) nach
oben genommen. Nach der parallelen
Landung wird die entstandene Energie
sofort benutzt, um wie ein Gummiball
schnell wieder in die Höhe zu springen.
   Anzahl: 3–5 Serien à 20–40 Wiederholungen, 120 Sek. Pause.

Anmerkung / Korrektur
• Die schnelle Armbewegung bestimmt das Tempo der Beine, ein hoher Armhub gibt dem Knie die Freiheit
nach oben.
• Schnelles, reaktives Aufsetzen des
Fußes.
• Das Fußgelenk gibt am Boden nach
und leitet den nächsten Sprung ein.

Diese klassische reaktive Übung
zeigt sehr eindrucksvoll das Wirkungs-
prinzip des Dehnungs-Verkürzungs-
Zyklus (DVZ) der Unterschenkelmuskulatur mit seinem Sehnen-Band-Ap-
parat. Der Hot Step ist im Grunde ein
Absprung von einem Bein und ein
Landen auf beiden Beinen gleichzeitig
bei paralleler Fußhaltung.

(7) Einbeiniger Aufsteige-schritt-Jump 🆑

Muskulatur
Oberschenkel / Unterschenkel

Übungsbeschreibung
In der *Ausgangsstellung* stellt sich der Spieler vor eine Bank oder ein Kastenoberteil. Die Wahl der Zusatzgewichte richtet sich nach dem Können der Spieler. Die koordinativen Anforderungen dieser Übung dürfen nicht unterschätzt werden! Dasselbe Bein wird zum Aufsteigen, Springen und Landen genutzt. Dies wird 10-mal wiederholt, bevor ein Beinwechsel stattfindet.

Anzahl: 4 Serien à je 10 Wiederholungen pro Bein, Pausen: 90 Sek.

Anmerkung / Korrektur
• Dynamisch abspringen, Landung auf demselben Bein!
• Schwungbeineinsatz mit hohem Knie.

Der einbeinige Aufsteigeschritt, ggf. mit Zusatzgewicht (hier: 10-kg-Hantel), ist sehr anstrengend und daher immer vor beidbeinigen Kraft- und Sprungübungen einzusetzen.

Diese Übung eignet sich hervorragend als dynamisierende Kraftübung im Kraftzirkel.

①

②

(8) Übersteigeschritt-Jump 🆑

Muskulatur
Oberschenkel / Unterschenkel /
Sprunggelenke

Übungsbeschreibung
Wie die vorherige Übung (7) Einbeiniger Aufsteigeschritt-Jump, nur dass
jetzt der Kasten längs genommen
wird, um dann seitlich versetzt mit
dem jeweils anderen Bein zu landen.
Diese Übung wird ohne Zusatzgewicht
durchgeführt.
   Anzahl: 4 Serien à 10–20 Wiederholungen, Pausen: 90 Sek.

Anmerkung / Korrektur
• Kurzer Bodenkontakt!
• Hohes Abspringen, um seitlich
zu versetzen.
• Steuerung der Bewegung über
die Arme.

(9) Jump seitwärts/Sprint 🆑

Muskulatur
Oberschenkel/Unterschenkel/
Sprunggelenke

Übungsbeschreibung
Ein Kastenoberteil wird 8- bis 10-mal
im Schlusssprung übersprungen, im
Anschluss an den letzten Sprung wird
eine 10-m-Strecke gesprintet.

Anzahl: 4 Serien à 10 Wiederholungen, Pausen: 2 Min.

Anmerkung/Korrektur
• Lockere Fußgelenksprünge, hoch
und reaktiv über das Hindernis.
• Maximal schneller Sprint!
Diese Mischform des Sprungs und
des Sprints simuliert die raschen Richtungswechsel nach einer Landung,
wie sie gerade im Basketball immer
wieder vorkommen.

Seilsprungtraining quantitativ / qualitativ

Die hier vorgestellten Seilsprünge haben alle ein gemeinsames Kriterium: Es geht um «schnelle Füße», um maximal schnelle Richtungswechsel, begonnen mit den Füßen. Das Ziel des Trainings bildet die schnelle Reaktion und die Umschaltfähigkeit in der Bewegung. Dafür wird die klassische Form des Seilspringens in 3-minütige Blöcke unterteilt. Innerhalb dieser Zeit werden verschiedene Aufgaben gelöst.

Als Hilfsmittel, um eine Box zu bauen, sind die Schaumstoffblöcke (s. Kapitel «Koordination») sehr nützlich. Aber auch eine mit Tape auf den Boden geklebte Box ist vollkommen ausreichend. Dieses Hilfsmittel stellt die räumliche Begrenzung für die Richtungswechsel dar.

Die Seilsprünge sind wie auch die plyometrischen Übungen immer in ausgeruhtem Zustand durchzuführen. Sie sind koordinativ anspruchsvoll und fordern eine hohe Reaktivität, ein sehr schnelles Umschalten von der Landung zum Absprung. Hierfür ist eine ausgeruhte Muskulatur erforderlich.

Seilplan: 4 x 3-Min.-Seilsprünge

1. Serie (3 Min.)	2. Serie (3 Min.)	3. Serie (3 Min.)	4. Serie (3 Min.)
One Leg Two Legs High Box	One Leg Two Legs Right-Left Box	Two Legs High Box Left-Right Forward-Back	Two Legs High Aus FGL Box
Alle 30 Sek. Sprungvariante ändern	Alle 30 Sek. Sprungvariante ändern	Alle 30 Sek. Sprungvariante ändern	Alle 30 Sek. Sprungvariante ändern

Seilplan: 5 x 3-Min.-Seilsprünge

1. Serie (3 Min.)	2. Serie (3 Min.)	3. Serie (3 Min.)	4. Serie (3 Min.)	5. Serie (3 Min.)
One Leg Two Legs High Box	One Leg Two Legs Right-Left Box	Two Legs High Box Left-Right Forward-Back	Two Legs High Aus FGL Box	Aus FGL Box Running High-Forward-Back
Alle 30 Sek. Sprungvariante ändern	Alle 30 Sek. Sprungvariante ändern	Alle 30 Sek. Sprungvariante ändern	Alle 30 Sek. Sprungvariante ändern	Alle 30 Sek. Sprungvariante ändern

Seilplan: 6 x 3-Min.-Seilsprünge

1. Serie (3 Min.)	2. Serie (3 Min.)	3. Serie (3 Min.)	4. Serie (3 Min.)	5. Serie (3 Min.)	6. Serie (3 Min.)
One Leg Two Legs High Box	One Leg Two Legs Right-Left Box	Two Legs High Box Left-Right Forward-Back	Two Legs High Aus FGL Box	Aus FGL Box Running High-Forward-Back	One Leg Two Legs High Right-Left Forward-Back Aus FGL Box Running
Alle 30 Sek. Sprungvariante	Alle 30 Sek. Sprungvariante	Alle 30 Sek. Sprungvariante	Alle 30 Sek. Sprungvariante	Alle 30 Sek. Sprungvariante	Alle 30 Sek. Sprungvariante

Kombiniertes Sprungtraining

Die beiden hier beschriebenen Sprungpläne sind zur Verbesserung der maximalen Sprungkraft auf der Basis der quantitativen Sprungfolgen aufgebaut. D.h., eine Verbesserung der Sprungkraft wird hier nicht in der Reaktivität der «edlen» Sprünge (s. «Plyometrische Übungen und Seilsprünge») erzielt, sondern über die Menge der Sprünge wird eine Ermüdung der spezifischen Muskulatur erreicht. Die Inhalte dieser Sprungkrafteinheiten lassen sich im Training also auch am Ende jeder Einheit (bereits im Zustand einer gewissen Ermüdung) durchführen.

Die Sprungprogramme sollten 3-mal in der Woche in Verbindung mit 5 x 20-m-Fußgelenkläufen und 5 x 20-m-Skippings (locker aus dem Fußgelenk) ausgeführt werden.

Ablauf:
- 5 Min. Einlaufen,
- 10 Min. Dehnungs- und Tonisierungsübungen,
- koordinatives Training (siehe Kapitel «Koordination und Schnelligkeit», S. 41 ff.) und
- *(erst dann) Sprungprogramm.*

Die Verbesserung der Sprungkraft bedeutet automatisch die Verbesserung der Schnelligkeit der Sprintschritte und der Laufbewegung allgemein.

Sprungplan: 150 Sprünge

Übungsbeschreibung	Anzahl	Pause	Anmerkung/Korrektur
Fußgelenksprünge: Arme in die Hüfte, nur aus dem Fußgelenk springen.	50	1 Min. locker traben	Variation der Sprünge: gerade Schrittwechsel usw.
Froschsprünge: Hocke, Hände tippen auf den Boden, Absprung, in der Luft Fußspitzen anziehen, leise landen und wieder in die Hocke gehen usw.	6 x 10	1 Min. locker traben	–
Fußgelenksprünge: Arme in die Hüfte, nur aus dem Fußgelenk springen.	40	1 Min. locker traben	Variation der Sprünge: z. B. gerade, Schrittwechsel usw.

Sprungplan: 200 Sprünge

Übungsbeschreibung	Anzahl	Pause	Anmerkung/Korrektur
Sprungläufe	5 x 5	Gp + 1 Min.	Auf Armeinsatz achten
Beidbeinige Hock-/Streck-sprünge	5 x 10	2 Min.	Fließender Rhythmus
Storchenschritte	5 x 5	Gp + 1 Min.	Langsam/sauber
Beidbeinige verzögerte Sprünge	5 x 10	2 Min.	90-Grad-Absprung / Füße anziehen
Beidbeinige Froschsprünge	5 x 10	2 Min.	Rhythmischer Hub und Block der Arme

Anwendungsorientiertes Kraft-, Sprint- und Sprungtraining

Treppensprünge sind wegen ihrer Mehrfachbelastung (oftmals 10–12 Stufen hintereinander) sehr beanspruchend. Hier einige Sprungformen mit entsprechender Pausengestaltung.

Übungsbeschreibung	Anzahl	Pause	Anmerkung/Korrektur
Einbeinige Treppensprünge	3–4 Serien à 10–12 Treppenstufen auf einem Bein	Heruntergehen, bei weiteren Sprungformen an der Treppe 90 Sek. Pause vor der nächsten Aufgabe.	Auf den Armschwung und das aktive Einsetzen des Schwungbeins achten!
Beidbeinige Treppensprünge	6–8 Serien à 10–12 Treppenstufen auf beiden Beinen	Heruntergehen, bei weiteren Sprungformen an der Treppe 90 Sek. Pause vor der nächsten Aufgabe.	Auf Doppelarmschwung und leises Aufsetzen der Füße auf der nächsten Stufe achten!
Sprungläufe auf der Treppe	10–12 Serien à 10–12 Treppenstufen	Heruntergehen, bei weiteren Sprungformen an der Treppe 90 Sek. Pause vor der nächsten Aufgabe.	Jede zweite Stufe in schnellem Tempo berühren. Nur auf dem Vorfuß (Ballen) landen. Sind die Treppenstufen zu eng, wird jede dritte (vierte) Stufe benutzt. Nur so viele Treppen einbauen, dass die Lauftechnik dynamisch, koordiniert, mit Vorlage ausgeführt werden kann.
Sidestep auf der Treppe	10–12 Serien à 10–12 Treppenstufen	Heruntergehen, bei weiteren Sprungformen an der Treppe 90 Sek. Pause vor der nächsten Aufgabe.	Auf jede Stufe im Sidestep einen Fuß setzen. Aktiver Armeinsatz, hohe Knieführung wie beim seitlichen Skipping (s. Kapitel «Koordination Sidestep»).

Ausdauer

Grundlagen: Teilbereiche und Training der Ausdauer

Die Begriffe Ausdauer und Kondition werden häufig in einem Atemzug und mit derselben Bedeutungsintention genannt. Trainingswissenschaftlich betrachtet ist die Ausdauer jedoch eine von fünf *konditionellen Fähigkeiten*: Kraft, Schnelligkeit, Koordination, Beweglichkeit, Ausdauer.

In der Fachliteratur wird die Ausdauer unterschiedlich beschrieben (vgl. Zintl 1994, 29 ff.; Nicklaus 1993, 74; Weineck 1992, 23 ff.). Eine zusammenfassende Aussage könnte folgendermaßen lauten: *Ausdauer* ist die Fähigkeit, eine bestimmte Leistung über einen möglichst langen Zeitraum aufrechtzuerhalten und nach physischen und psychischen Belastungen rasch zu regenerieren. *Ermüdungswiderstandsfähigkeit* und rasche *Wiederherstellungsfähigkeit* sind die zentralen Ziele des Ausdauertrainings. Wie gut oder wie schlecht ein Spieler im Bereich der Ausdauer ist, hängt zum einen von seiner Veranlagung und zum anderen von der Art und Weise seines Trainings ab.

Die konditionelle Fähigkeit Ausdauer kann in verschiedenen Teilbereichen betrachtet werden:

Kriterium	Bezeichnung	Charakteristik
Umfang der beanspruchten, beteiligten Muskulatur	Lokale Ausdauer	Weniger als 1/7 der gesamten Muskulatur
	Allgemeine Ausdauer	Mehr als 1/7 der gesamten Muskulatur
Art der vorrangigen Energiebereitstellung (vgl. Kapitel «Kraft», S. 78 ff.)	Aerobe Ausdauer	Der aufgenommene Sauerstoff reicht für die muskuläre Tätigkeit aus (lockerer Dauerlauf)
	Anaerobe Ausdauer	Es kann nicht so viel Sauerstoff aufgenommen werden, wie von der Muskulatur benötigt wird (schnelles Basketballspiel, Angriff / Verteidigung)
Arbeitsweise der Skelettmuskulatur	Dynamische Ausdauer	Bei kontinuierlichem Wechsel von Spannung und Entspannung
	Statische Ausdauer	Bei Dauerspannung
Zeitdauer der Beanspruchung bei höchstmöglicher Belastungsintensität	Kurzzeitausdauer	35 Sek. – 2 Min.
	Mittelzeitausdauer	2 Min. – 10 Min.
	Langzeitausdauer I	10 Min. – 35 Min.
	Langzeitausdauer II	35 Min. – 90 Min.
	Langzeitausdauer III	90 Min. – 6 Std.
	Langzeitausdauer IV	über 6 Std.
Zusammenhang mit anderen konditionellen Fähigkeiten bzw. Belastungssituationen	Kraftausdauer	80- bis 30-prozentiger Maximalkraftanteil
	Schnellkraft Ausdauer	Explosive Bewegungsausführung
	Sprintausdauer	Maximale Geschwindigkeit
	Spiel- / Kampfausdauer	Variable Belastungsphasen
	Mehrkampfausdauer	Hohe Belastungsdichte bzw. wechselseitige Beeinflussung

Übersicht: Teilbereiche der Ausdauer

Das moderne Basketballspiel ist sehr temporeich: Sprints, Sprünge, plötzliche Stopps – dies alles passiert in wechselnder Intensität. Im Angriff sind die Laufwege mit vielen Richtungswechseln und Täuschungen verbunden. Der schnelle Aufbau der Verteidigung und die Verteidigung selbst können nicht zum Ausruhen genutzt werden, auch hier ist eine hohe Intensität gefordert. Kurzum: Im Sportspiel Basketball ist ständig ein schnelles, z. T.

	100 m	200 m	Basket-ballspiel	400 m	800 m	1000 m	1500 m	5000 m	10000 m	Marathon
Aerob	5 %	10 %	20 %	25 %	45 %	50 %	65 %	90 %	95 %	99 %
Anaerob	95 %	90 %	80 %	75 %	55 %	50 %	35 %	10 %	4 %	1 %

Übersicht: Prozentuale Anteile aerober und anaerober Energiegewinnung im Basketballspiel und auf den leichtathletischen Wettkampfstrecken im Vergleich

maximales Tempo gefordert. Dies bedeutet eine überwiegend *anaerobe Ausdauerleistung*. Untersuchungen aus dem Jahr 1989 (Ball) und 1993 (Stone / Steingard) ergaben während eines Basketballspiels einen anaeroben Anteil von 90 Prozent. Um diese Werte anschaulicher zu machen, sind in der Übersicht oben einige Daten aus der Leichtathletik zum Vergleich dargestellt.

Aber auch die aerobe Leistung, die Grundlagenausdauer, hat einen festen Platz und eine wichtige Bedeutung im Basketballspiel. Sie hilft dem Spieler, bis in die letzten Spielminuten gleichmäßige Leistung im Laufen und Springen zu erbringen. Eine gute Grundlagenausdauer bewirkt zudem eine lang anhaltende, konzentrierte Spielweise, bei der nach hohen Belastungsphasen rasch wieder regeneriert werden kann. Für Steinhöfer *(1996, 56 ff.)* ist die aerobe Leistungsfähigkeit im Basketball von größter Bedeutung, die anaerobe, laktazide (hier wird angenommen, dass sich eine höhere Konzentration von Milchsäure bildet) Leistungsfähigkeit steht an zweiter Stelle.

Zusammenfassend lässt sich sagen, dass durch eine gute Ausdauer die energetischen und muskulären Voraussetzungen für eine Dauerbelastung und eine hohe Trainingsverträglichkeit gewährleistet werden. Die Ermüdungswiderstands- und Regenerationsfähigkeiten werden verbessert: Ermüdungsbedingte Leistungsverluste bei Dauer-, Kraft-, Schnelligkeitsleistungen werden hinausgezögert, der Erhalt des technischen Niveaus für eine bestimmte Spieldauer wird erreicht, der Körper ist schneller wieder leistungsfähig.

Sauerstoff

Die oben beschriebene Ausdauer wird, wie bereits erwähnt, unter anderem in aerobe und anaerobe Ausdauer unterteilt. Bei der *aeroben Ausdauer* (aerob: sauerstoffabhängig) steht genügend Sauerstoff zur Verbrennung von Glykogen und Fettsäuren zur Verfügung. In einer Vielzahl von Reaktionsschritten werden die Energiespeicher zu den energetisch nicht weiter brauchbaren Endprodukten Wasser und Kohlendioxid abgebaut. Diese Endprodukte werden vom Körper ausgeschieden (Oxidationswasser z. B. über Urin und Schweiß, Kohlendioxid über die Atmung).

Bei einer Belastungsintensität mit aerober Energiebereitstellung liegt ein *Sauerstoff-Steady-State* vor, d. h., Sauerstoffaufnahme und Sauerstoffverbrauch befinden sich im Gleichgewicht. Wegen einer verzögerten Anpassung des Atmungs- und Herz-Kreislauf-Systems stellt sich diese volle Funktion erst nach 2–4 Minuten ein. Der verzögerte Anstieg der Sauerstoffaufnahme bringt ein Sauerstoffdefizit mit sich. Nach der Belastung wird dieses durch die Sauerstoffmehraufnahme (Sauerstoffschuld) wieder abgetragen.

Eine *anaerobe Ausdauer* (anaerob: nicht sauerstoffabhängig) liegt vor, wenn die Sauerstoffzufuhr zur Verbrennung unzureichend ist und Stoffwechselvorgänge, die ohne Beteiligung von Sauerstoff ablaufen, eine wesentliche Rolle übernehmen. Der anaerobe Weg der Energiebereitstellung wird immer dann beschritten, wenn ein *hoher Energiebedarf* (schnelles Sprinten, Springen, Stoppen usw.) durch aerobe Arbeit nicht mehr gedeckt werden kann. Im Mittelpunkt der anaeroben Energiebereitstellung steht die *anaerobe Glykolyse*, der Zuckerabbau zur Energiegewinnung. Dabei entsteht als Abfallprodukt *Milchsäure (Laktat:* Salz der Milchsäu-

re). Die anhaltende Milchsäurebildung führt zu einer Übersäuerung des Muskels. In der Muskelzelle werden dadurch viele biologische Reaktionen gebremst, weshalb die hohen Belastungsintensitäten abgebrochen bzw. wesentlich gedrosselt werden müssen. Die Sauerstoffaufnahme nach der Belastung dient zum einen dem Wiederauffüllen der Speicher für die Glykolyse, zum anderen dem Abbau des gebildeten Laktats mithilfe von Sauerstoff. Darüber hinaus ist ein vergrößerter Sauerstoffbedarf noch vorhanden, weil die Herz- und Atemmuskeltätigkeit noch erhöht ist und die Sauerstoffspeicher wieder aufgefüllt werden müssen.

Milchsäure / Laktat

In der anaeroben Energiebereitstellungsphase setzt noch während der laufenden Phosphatnutzung die anaerobe Glykolyse ein, der Abbau von Glykogen (Speicherform der Glukose) im Fall einer nicht ausreichenden Menge von Sauerstoff. Dabei bildet sich im Muskel Milchsäure. Das *Laktat* (Salz der Milchsäure) gelangt durch die Muskelzellwand in das Blut und wird über den Blutkreislauf im Körper verteilt. Leber, Nieren, Herzmuskel und die ruhende, nicht beteiligte Muskulatur nehmen das Laktat auf und verarbeiten es zu Kohlendioxid und Wasser, oder sie bauen es zum Ausgangsprodukt Glykogen wieder auf (v.a. Leber, Niere, ruhende Muskulatur).

Laktat entsteht also bei intensiver Muskelarbeit. Im Ruhezustand liegt der Laktatspiegel im Blut bei 0,8–1,5 mmol pro Liter Blut. Müller/Steinhöfer (1982/84) testeten Sportstudenten direkt nach einem Basketballspiel und maßen Laktatwerte zwischen 2,2 und 4 mmol/l. Wenn der Laktatwert ansteigt, ist das ein Anzeichen dafür, dass die beanspruchte Muskulatur nicht genügend mit Sauerstoff versorgt wird. Eine Anhäufung solch hoher Reize führt in der Regel jedoch nicht zu der gewünschten Leistung, sondern auf Dauer zu einem körperlichen Tief. Die Ausdauer muss trainiert werden.

Leistungsdiagnose

Nach der Herzfrequenzmessung (s. S. 170) ist die *Laktatbestimmung* die im Sport am häufigsten eingesetzte Kontrollgröße zur Optimierung des Trainings. Sie ist nicht nur im Hochleistungssport zur Trainingssteuerung einsetzbar. Über den Laktatwert im Kapillarblut (Ohrläppchen oder Fingerbeere) wird die individuelle Schwelle errechnet, bei der die Art der Energiebereitstellung aus dem ökonomischen in einen unökonomischen, zu hohe Laktatwerte bildenden Bereich abdriftet. Diese «*Individuelle Aerobe*

Schwelle» (IAS) unterliegt einer sehr hohen Individualität und wird am einfachsten über ein EDV-Programm über die Werte der Herzfrequenz (Pulsmessung) berechnet (s. S. 169). Der so genannte *Feldstufentest* lässt Aussagen über die maximale aerobe Leistungsfähigkeit und die in Bezug darauf geeigneten (50 Prozent – 100 Prozent) Trainingsbelastungen zu.

Ein basketballtypischer Feldstufentest könnte folgendermaßen aussehen:

1. Unspezifisches, lockeres Aufwärmen, anschließend Dehnungs- und Tonisierungsübungen.
2. Es wird am Ohrläppchen oder an der Fingerbeere ein Tropfen Blut zur Bestimmung des Vorbelastungslaktats genommen. Zugleich wird über eine Pulsmessung die aktuelle Herzfrequenz festgestellt.
3. Auf einer 400-m-Rundbahn werden jeweils an den 200-m-Markierungen Hütchen o. Ä. aufgestellt. Ein regelmäßiges Pfeifsignal gibt das Lauftempo vor: Der Spieler muss jeweils zum Pfeifsignal die nächste Markierung erreichen.
4. Er läuft 1200 m (3 Runden im Stadion) pro Durchgang nach dem vorgegebenen Tempo.
   - Erster Durchgang: Laufgeschwindigkeit 2,5 m/s. Danach 1 Min. Pause zur Pulsmessung und Laktatentnahme.
   - Zweiter Durchgang: Laufge-

schwindigkeit 2,86 m/s, Pulsmessung und Laktatentnahme.

- Dritter Durchgang: Laufgeschwindigkeit 3,33 m/s, Pulsmessung und Laktatentnahme.
- Vierter Durchgang: Laufgeschwindigkeit 3,85 m/s, Pulsmessung und Laktatentnahme.
- Fünfter Durchgang: Laufgeschwindigkeit 4,44 m/s, Pulsmessung und Laktatentnahme.
- Sechster Durchgang: Laufgeschwindigkeit 5,00 m/s, Pulsmessung und Laktatentnahme.

5. Anhand der allgemein anerkannten Ausdauerleistungs-Kenngröße von 4 mmol und der individuellen Laktatschwelle kann die allgemeine Ausdauerleistungsfähigkeit beurteilt werden.

Überblick: Möglichkeiten des Energiestoffwechsels

Stoffwechsel im Skelettmuskel

Bei der Kraftbildung im Skelettmuskel wird aufgrund der strukturellen Gegebenheiten im Muskel mithilfe des Kraftmoleküls Adenosintriphosphat (ATP, vgl. S. 79) und unter Mitwirkung von Calcium chemische in mechanische Energie umgesetzt. Dieser Prozess kann aber nur durch hinreichende Neubildung (Resynthese) des verbrauchten ATP in Gang gehalten werden. Dies kann auf unterschiedliche Weise geschehen.

Aerober Stoffwechselweg

Bei ausreichendem, d. h. der jeweiligen Arbeitsbelastung angepasstem Ernährungsstand werden für die Bereitstellung des ATP in erster Linie *Kohlenhydrate* und *Fettsäuren* verstoffwechselt. Das geschieht in Ruhephasen und bei leichter Arbeit nahezu vollständig aerob.

Aerobe Verstoffwechslung bedeutet, dass die zu verwertenden Moleküle mithilfe von Sauerstoff vollständig zu Wasser und Kohlendioxid verbrannt werden. Dies ist die wirtschaftlichste Art des Energiesatzes, weil dabei mithilfe der beim Abbau von Glukose- und Fettsäuremolekülen frei werdenden Energie die maximal mögliche Menge an ATP entsteht.

Zwei anaerobe Stoffwechselwege

Neben der aeroben Verstoffwechslung kann in Grenzen auch durch nicht sauerstoffpflichtige, anaerobe Prozesse ATP gebildet werden. Diese werden vor allem zu Arbeitsbeginn wirksam und dann, wenn die Muskulatur mit hoher Intensität arbeitet.

1. Bei hochintensiver und kurzfristiger Belastung erfolgt unmittelbar nach der Spaltung von ATP in ADP (Adenosindiphosphat) und P (anorganisches Phosphat) und H$^+$ (ionisierter Wasserstoff) eine Resynthese von ATP auf Kosten von Kreatinphosphat: Kreatin-

Bewertung	4-mmol-Schwelle	Individuelle Aerobe Schwelle (IAS)
Sehr gut	Der 4-mmol-Wert wird bei einer Geschwindigkeit von über 4,1 m/s erreicht.	3,8–4,0 m/s
Gut	Der 4-mmol-Wert wird bei einer Geschwindigkeit von 3,8–4,0 m/s erreicht.	3,6–3,8 m/s
Zufrieden stellend	Der 4-mmol-Wert wird bei einer Geschwindigkeit von 3,6–3,8 m/s erreicht.	3,4–3,6 m/s

Übersicht: Beurteilung der Individuellen Aeroben Schwelle

phosphat plus ADP plus H^+ ergibt Kreatin plus ATP.

2. Ein weitere Möglichkeit, auf anaerobem Wege ATP neu zu bilden, ist die Spaltung von Glukose zu Laktat. Bei der anaeroben ATP-Synthese, der anaeroben Glykolyse, entstehen aus jeweils einem Glykosemolekül neben

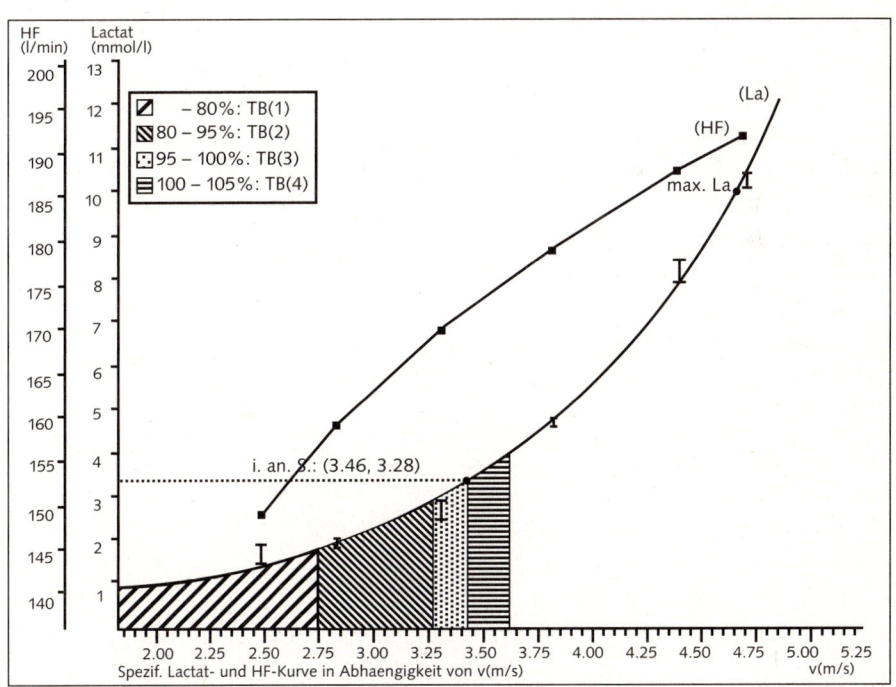

Beispiel: Individuelle Laktatleistungskurve eines Basketballers

dem nutzbaren ATP zunächst zwei so genannte Pyruvatmoleküle, aus denen entweder aktivierte Essigsäure oder Laktat entsteht.

Trainingsgestaltung im Ausdauertraining

Kontinuität ist das wichtigste Schlagwort, um eine gute Ausdauer zu erreichen, um sie zu verbessern und sie weiterzuentwickeln. Dieser Grundgedanke bildet den Ausgangspunkt bei der Verbesserung der Ausdauerleistungsfähigkeit.

Gegen einen Ausdauerblock in der Saisonvorbereitung ist natürlich nichts einzuwenden. Wichtig ist aber vor allem, das in dieser Zeit erarbeitete Niveau während der Saison zu erhalten. Dazu ein kleines Rechenbei-spiel.

Ausgang der Überlegung ist ein Jahr mit 52 Wochen (was spricht dagegen, sich auch nach der Saison fit zu halten …).

Ein Jahrespensum von 68 Dauerläufen im Jahr ist nicht gerade sehr viel, aber ein Minimum. Dies sollte von jedem, der seine Ausdauer verbessern oder zumindest erhalten will, machbar sein.

Das Training der Verbesserung der Ausdauer bedingt zunächst ein Vorhandensein von Ausdauer. Die Erfahrung ist, dass in diesem Bereich oftmals der zweite Schritt vor dem ersten gemacht wird. Häufig wird der Fehler begangen, hochintensive Trainingsmethoden aus der Leichtathletik zu übernehmen, ohne zu reflektieren, dass hier im Ausdauerbereich bereits in der Jugend Kilometerumfänge von 40–60 km pro Woche (4–8 Trainingseinheiten) realisiert werden. Ein Basketballspieler, der 2- bis maximal 3-mal in der Woche trainiert (oder in dieser Zeit nur spielt …), wird natürlich nicht dieselben Voraussetzungen haben wie ein solcher Leichtathlet.

Ausdauerblock Vorbereitungsphase	8 Wochen x 3 Dauerläufe pro Woche	24 Dauerläufe
Saison und restliches Jahr	44 Wochen x 1 Dauerlauf pro Woche	44 Dauerläufe
Jahrespensum	52 Wochen	68 Dauerläufe

Praxis: Formen des Ausdauertrainings

Die Entwicklung der Ausdauer ist in Anbetracht der verschiedenen Bereiche der Ausdauer mit ihren jeweils komplexen organischen Beanspruchungen nur in Ausnahmefällen die Angelegenheit einer einzigen Trainingsmethode. Normalerweise können die Zielsetzungen eines Ausdauertrainings nur unter Einsatz verschiedener Trainingsmethoden erreicht werden. Jede Ausdauerbelastungsmethode hat über ihre allgemeine Wirkung hinaus ihre spezifischen physiologischen Wir-

kungen, die es zu gegebener Zeit zu nutzen gilt. Hier werden drei grundlegende Methoden vorgestellt.
• Die *Dauermethode*,
• die *Intervallmethode* mit und ohne Serienprinzip und
• die *Wiederholungsmethode*.
  Zum besseren Verständnis werden zuvor die wesentlichen Begriffe des Ausdauertrainings vorgestellt.

Belastungsintensität	Belastung des Organismus während der Trainingseinheit – wie sehr soll ich mich anstrengen?
Pause	Formen der Unterbrechung während der Trainingseinheit – soll ich mich zwischendurch erholen, gehen, Gymnastik machen?
Belastungsdauer	Zeit der Belastung – wie lange soll ich die Aufgabe ausführen?
Belastungsumfang	Belastungsintensität während einer bestimmten Belastungsdauer – wie hoch ist die Anstrengung in einer bestimmten Zeit?

Dauermethode

Belastungsintensität	Pause	Belastungsdauer	Belastungsumfang
60 – 75 % der Bestleistung	Üben ohne Pause	sehr lang, 30 Min. – 2 Std.	sehr groß

Die *Dauermethode* ist geprägt durch eine ununterbrochene trainingswirksame Belastung über eine lange Zeitspanne. Der *Wirkungsgewinn* resultiert vorrangig aus der relativ langen Belastungsdauer, in der die physiologischen Prozesse ziemlich konstant laufen. Es kommt zu einer ökonomischen Ausführung der Bewegungsleistung und zu einer angemessenen Funktionserweiterung der Organsysteme. Auf koordinativer Ebene wird das Einschleifen des angewandten Bewegungsablaufs (dynamisch-motorisches Stereotyp), auf psychischer Ebene die Gewöhnung an die Arbeitsmotorik erreicht.

Trainingswirkungen

- Ökonomisierung der Herz-Kreislauf-Arbeit
- Verbesserung der peripheren Durchblutung (äußere Hautschichten)
- Erweiterung des aeroben Stoffwechsels mit Verbesserung der Fettverbrennung
- Ausbildung eines stabilen Bewegungssstereotyps (langsame Muskelfaser-Rekrutierung)
- Regeneration und Erhaltung des Konditionsniveaus

Anwendung / Zielsetzung

- Gesundheits- / Fitnesstraining (bei einer minimalen Dauer von 10 – 12 Min. und einer optimalen Dauer von 30 – 45 Min.)
- Regenerationsbeschleunigung (Dauer 20 – 40 Min.)
- Fettstoffwechseltraining (› 90 Min.)
- Ökonomisierung der Bewegungstechnik (für lange Belastungen)
- Stabilisierung eines zuvor erhöhten Leistungsniveaus

Die Dauermethode ist *die* Methode für die Grundlagenausdauer im Basketball!

Intervallmethode

Belastungsintensität	Pause	Belastungsdauer	Belastungsumfang
75–85 %	«Lohnende Pause»[1]	kurz – mittel 15–50 Sek. (KZI)[2] 1–8 Min. (MZI)[3] u. 8–15 Min. (LZI)[4]	mittel 10–12 Wiederholungen

1 = unvollständige («lohnende») Pause: Puls bei Wiederbeginn etwa ⅓ der vollständigen Pause
2 = Kurzzeitintervallmethode
3 = Mittelzeitintervallmethode
4 = Langzeitintervallmethode

Die *Intervallmethode* kennzeichnet der planmäßige Wechsel zwischen Belastungs- und Entlastungsphasen. In der Entlastung kommt es nicht zur vollen Erholung, es liegen unvollständige («lohnende») Pausen vor (Puls bei Wiederbeginn ca. 120 Schläge, ⅓ der vollständigen Pause).

Trainingsbeispiel für die Kurzzeitintervallmethode (KZI): 12 x 40 Sekunden mit 80 Prozent der individuellen Bestleistung, danach eine Pause, bis der Puls wieder bei 120 Schlägen / Min. liegt.

Der *Wirkungsgewinn* liegt im häufigen Wechsel von An- und Abschalten der Belastung. Allgemein wird mit den verschiedenen Varianten der Intervallmethoden eine Erweiterung der Funktionsbreite der einzelnen Organsysteme erreicht. Auf koordinativem Gebiet erfolgt eine Festigung der anspruchsvolleren Bewegungsausführung gegenüber Störeinflüssen (z. B. Ermüdung wegen Übersäuerung oder Phosphatspeicherentleerung).

Trainingswirkungen

• Stärkung des Herz-Kreislauf-Systems (Herz, Sauerstofftransportkapazität)
• Verbesserung des gemischt aerob-anaeroben Stoffwechsels unter Glykogennutzung
• Aktivierung der Laktatproduktion (langsame Muskelfasern), Abbau von Milchsäure

Anwendung / Zielsetzung

• Ausbildung der aeroben Kapazität im oberen Entwicklungsbereich unter Einbezug anaerober Prozesse
• Erweiterung des maximalen Sauerstoffvolumens
• Anheben der Individuellen Anaeroben Schwelle (IAS)

Wiederholungsmethode

Die *Wiederholungsmethode* ist gekennzeichnet durch wiederholte intensive Belastung, unterbrochen von vollständigen Pausen. In den Erholungsphasen sollen alle beanspruchten Funktionssysteme annähernd in die Ausgangslage von vor der Belastung zurückkehren. Die Herzfrequenz (Pulsmessung) sollte auf unter 100 Schläge / Min. absinken.

Trainingsbeispiel Basketball: 5 x 40 Sekunden Sprint-, Stopp-, Sprung-Kombinationen, 4 Minuten Pause mit lockerem Dauerlauf, Gymnastik, Wurftraining.

Der *Wirkungsgewinn* ist aus den intensiven Belastungsphasen zu erwarten, in denen jeweils alle physiologischen Prozesse bzw. Regulationsmechanismen bis zum notwendigen Funktionsniveau durchlaufen werden müssen. Insgesamt geht es um die wiederholte Ausführung wettkampfspezifischer Belastungen in verkürzter Dauer (meist Unterdistanzen).

- Beanspruchung und Verbesserung der gemischt aerob-anaeroben Energiebereitstellung
- Verbesserung der Laktatkompensation bei geschwindigkeitstypischen Laktatkonzentrationen (ca. 6–8 mmol)

Anwendung / Zielsetzung

- Anpassung erworbener Grundlagenfähigkeiten an die wettkampfspezifische Belastung
- Erweiterung der komplexen Funktionsamplitude
- Training der wettkampfspezifischen Ausdauer
- Entwicklung der aeroben Kapazität
- Laktatkompensationstraining
- Kraftausdauertraining (bei Zusatzlasten und erschwerten Bedingungen)

Trainingswirkungen

- Verbesserung der komplexen Beanspruchung für Langzeitausdauerbelastungen

Belastungsintensität	Pause	Belastungsdauer	Belastungsumfang
90–95 %	(4–30 Min.) volle Pause	nach Streckenlänge kurz – mittel	gering

Praxis: Wissenswertes zum Ausdauerlaufen

Andere Organisationsformen

Generell gilt: Um eine optimale Wirkung bei *regelmäßigem Ausdauertraining* zu erzielen, sollten sich nicht nur das Lauftempo, sondern auch die Laufstrecke variabel verändern. Bei verschiedenen Geschwindigkeiten werden unterschiedliche Anforderungen an den Stoffwechsel gestellt. Diese unterschiedlichen Reize veranlassen den menschlichen Organismus, zu reagieren und sich zu verändern.

Ein guter Basketballer sollte in der Lage sein, zweimal in der Woche 30 Minuten bei gleich bleibendem Tempo zu laufen. Lange Dauerlaufeinheiten dürfen auch mal bis zu 50 Minuten lang sein. Auf dieser Basisausdauer sollte dann die basketballspezifische Ausdauer, nämlich die Intervallbelastung, aufbauen.

Übrigens: Um die manchmal auftretende Monotonie im Ausdauerlaufen zu unterbrechen, kann man gelegentlich auch Alternativen einstreuen, z. B. Radfahren, Inline-Skating, «Aqua-Jogging» oder Skilanglauf.

Regenerationsläufe

Dies ist die wohl bekannteste Art des Ausdauertrainings. Nach einem Spiel sollte die Vorbereitung auf das nächste Training stattfinden. Oder in einem Turnieralltag die Vorbereitung auf das nächste Spiel. Dazu wird 20–30 Minuten locker und langsam in einem «erholsamen» Tempo getrabt – nicht geschlurft!

Ausdauerspiele (Fahrtspiele)

Über eine Dauer von 40 Minuten werden Passagen mit leichten Steigungen und Gefälle oder verändertem Tempo und verändertem Untergrund gewählt. Die Laufeinheit wird durch kleine Zielvorgaben («Bis zum Hügelkamm!», «Jetzt etwas schneller, bis zur großen Eiche ...» usw.) sehr abwechslungsreich und kurzweilig. Es sollte aber darauf geachtet werden, dass man immer wieder in ein vernünftiges Ausgangstempo zurückfindet.

Atmung

Ohne Sauerstoffaufnahme läuft beim Ausdauertraining nichts. Die richtige Atmung ist also sehr wichtig. Hierfür einige Tipps.

• Immer wieder wird von einem «Zweierrhythmus» gesprochen. Das bedeutet, es werden zwei Laufschritte zum Einatmen und zwei Laufschritte zum Ausatmen benötigt: vier Schritte für einen Atemzug. Dieser Tipp gilt nicht für Ungeübte, sondern für erfahrene Läufer. Aber ein eigener Atem-Laufrhythmus ist sehr hilfreich.

• Die Atmung vollzieht sich beim Laufen fast völlig automatisch, deshalb muss besonders auf die Ausatmung geachtet werden. Durch eine bewusste Ausatmung kann die Sauerstoffaufnahme über die Lungen deutlich verbessert werden. Es findet auch eine tiefere Einatmung statt.

• Bei Läufen im Grundlagenbereich (nicht bei Tempoläufen) ist es sinnvoll, ein Tempo zu wählen, bei dem man sich noch unterhalten kann. Wer während des Laufens reden kann, befindet sich meist im aeroben Bereich und damit auf der sicheren Seite.

• Während des Laufens ist es ratsam, durch den Mund zu atmen (Mundatmung). Hier wird die benötigte Sauerstoffmenge am ehesten aufgenommen. Lautes Ein- und Ausatmen ist kein Zeichen schlechter Ausdauer, sondern ein Zeichen des richtigen Atmens!

Seitenstechen

Beim Seitenstechen streiten sich die Experten. Der Stand der Diskussion: Als Seitenstechen wird ein unangenehmes Stechen meist auf der rechten Körperseite bezeichnet. Es ist eine ungefährliche Verkrampfung des Zwerchfells. Die Ursachen der Verkrampfung können sein:

• Zu frühes Laufen nach einer Mahlzeit, schnelles Bergablaufen, falsche Atmung und Reden bei zu hohem Tempo.

• Rest-Kohlendioxid in den Lungenspitzen aufgrund ungenügender Abatmung (Ausatmung).

Tipp: Das Tempo leicht drosseln, die Ausatmung kontrollieren, eventuell mit der Hand auf die Seite drücken, die schmerzt.

Nasenpflaster

Nasenpflaster werden auf den Nasenrücken geklebt und sind durch einen eingebauten «Bügel» in der Lage, die Nasenflügel seitlich anzuheben. So sollen sie für eine bessere Einatmung sorgen. In Fachkreisen wird noch heftig über den Sinn und Unsinn solcher Hilfsmittel diskutiert.

Tipp: Wer will, sollte es ausprobieren, es schadet auf jeden Fall nicht.

Laufen im Winter

Es spricht nichts dagegen, auch im Winter zu laufen – zumindest in Deutschland. Neben dem Effekt der Stärkung des Immunsystems sind die Atemwege inklusive Bronchien durchaus in der Lage, auch kältere Luft zu ertragen. Man denke nur an die besten Skilangläufer aus Schweden, Finnland und Norwegen.

Tipp: ein Stirnband für die Stirn und Ohren, ein Halstuch für den Hals, nicht über den Mund, weil es sonst zu schlechter Kohlendioxid-Abatmung und außerdem zur Feuchtigkeitsbildung beiträgt.

Lauftechnik, Strecken- und Tempowahl

So individuell die Füße sind, so individuell sind auch die Bewegungen. Wer vermutet, dass die Weltmeister in den jeweiligen Laufdisziplinen den idealen Laufstil hätten, liegt falsch. Ist doch jeder Mensch ein einzigartiges Wesen mit gänzlich unterschiedlichen biomechanischen Hebelverhältnissen (gerade im Basketball gibt es wohl die längsten Hebel aller Sportarten). Aber alle Spitzenläufer haben eines gemeinsam: eine ausgeprägte Ökonomisierung der Bewegung. Hier drei Orientierungspunkte für einen ökonomischen Laufstil.

• Die Füße müssen vom Boden angehoben werden! Der schlurfende, in der Halle quietschende Laufschritt verrät den schlechten Laufstil. Die Folgen sind unter Umständen gesundheitliche Schäden an den Schienbeinen und an den Hüftgelenken. Die einfachste Verletzungsvorbeugung ist das Heben des Fußes beim Aufsetzen!

• Die Arme unterstützen das Laufen! Sie sind ein wichtiger Rhythmus- und Schwunggeber. Also werden die Arme beim Laufen nicht passiv hängen gelassen, sondern locker und entspannt seitlich am Körper geschwungen!

• Wichtig für das Laufen ist das Becken. Hier ist der Rumpf mit den Beinen verbunden. Eine aufrechte Stellung des Beckens schafft Bewegungsfreiheit für die Beine und dämpft die Stoßbelastung auf die Wirbelsäule. Blickt man beim Laufen direkt vor die Füße, kippt das Becken nach vorne. Blickt man dagegen in den Himmel, so ist das Becken nach hinten gekippt. Beide Extreme sind für den Ausdauerlauf nicht geeignet!

Schuhwerk

«Der Laufschuh, der passt, ist der richtige.» Ganz so einfach ist es nicht, aber auch nicht sehr viel schwieriger. Da es für Basketballer nicht darum geht, vorwiegend Ausdauereinheiten zu absolvieren, sind die im Sportschuhfachhandel erhältlichen Schuhe in aller Regel ausreichend. Drei Tipps zum Kauf von Laufschuhen:

- Der gute Laufschuh kostet mindestens 100 Mark,
- Beratung von fachkundigem Personal oder erfahrenen Läufern einholen und
- bei Ungewissheit den Schuh ausleihen, testen bzw. ggf. zum Orthopäden gehen und eine Einlagenversorgung besprechen.

Streckenwahl

Flache Strecken und gleichmäßiger, weicher Untergrund sind für den Anfänger ideal, z. B. ein gelenkschonender Wald- oder Forstweg. Auf einem Feld- oder einem Radweg zu laufen hat für Anfänger den Vorteil, dass genug Konzentration bleibt, um auf die Atmung und das Tempo zu achten. Kleine Hügel oder Berge sind geübten Läufern vorbehalten.

Tempowahl

Bei regenerativen Läufen sollte das Lauftempo so gewählt werden, dass man sich ohne Probleme noch unterhalten kann. Dies ist der so genannte Grundlagenbereich. Da das richtige Tempo für jeden individuell verschieden ist, kann man grundsätzlich nur auf häufig auffallende «Tempofehler» hinweisen.

- Dass in einer Gruppe, die zusammen laufen will, der Schwächste das Tempo bestimmt, versteht sich von selbst. Aber wie ist es, wenn man

selbst der Schwächste ist? Ein vernünftiger Sportler weiß, dass es den Gruppenzwang in einer Grundlagenausdauereinheit, womöglich noch nach einem langen und harten Spiel am Vortag, nicht geben darf. Entweder man sagt der Gruppe, welches Tempo man wünscht, oder man klinkt sich rechtzeitig aus.

- Ein häufig zu beobachtendes Phänomen ist das viel zu hohe Anfangstempo. Sei es, um Positionen in der Läufergruppe abzustecken oder um den eigenen Leistungsstand zu demonstrieren oder einfach aus Unkenntnis. Das Tempo ist zu Beginn viel zu oft viel zu hoch! Der «Motor», die Muskulatur, und seine «Steuereinheit», das zentrale Nervensystem, müssen erst einmal die Chance bekommen, sich auf die bevorstehende Belastung einzustellen. Nach etwa 10–15 Minuten sind alle Systeme betriebsbereit und können volle Leistung bringen.

- Genauso wichtig wie der Start ist auch das Ende eines Laufes. Ein häufig beobachteter Fehler gerade bei Anfängern ist das abrupte Anhalten nach dem Lauf. Hier sollte man die letzten 5–10 Minuten locker austraben, den Organismus wieder «herunterfahren». Der Schlussspurt von 20–30 m mit maximalem Tempo und anschließendem Stopp ist schlichtweg schädlich für die Gesundheit.

- Kleine Wettkämpfe während eines Dauerlaufs, z. B. Tempowechsel, um den anderen zu zeigen, wie schnell man den Berg hinauf-, den Waldweg entlang- oder den Feldweg hinuntersprinten kann, sind schlecht für das Ausdauertraining. Ein gleich bleibendes Tempo und eine ruhige, gleichmäßige Atmung gewährleisten den besten Effekt.

Trainingssteuerung (Pulsmessung)

Der Pulsschlag zeigt, wie viele Schläge das Herz benötigt, um all das Blut in einem bestimmten Zeitraum (eine Minute) durch die Adern in die Regionen des Körpers zu schicken. Lauflänge und -tempo werden auf der Basis eines bestimmten Pulswertes empfohlen. Daher sollte man den eigenen Puls messen und interpretieren können.

Pulsmessung

- (1) Am Handgelenk (Radialpuls): Eine Hand weit öffnen, der Daumen zeigt zur Decke. Wo der Unterarm in die Hand übergeht, die Zeige- und Mittelfinger locker auf die Innenseite auflegen. Hier den Puls ertasten.
- (2) An der Halsschlagader (seitlich am Hals): Auch hier Zeige- und Mittelfinger locker auflegen, nicht fest zudrücken.
- Die Messung soll unmittelbar nach der Belastung stattfinden und 10 Sekunden dauern. Der Wert wird mit 6

multipliziert, so ergeben sich die Pulsschläge pro Minute.
- Neben der manuellen Messung bieten verschiedene Firmen auch Pulsmessgeräte an. Man trägt einen Sender, der mit einem Gummiband um die Brust befestigt ist, und einen Empfänger wie eine Uhr am Handgelenk. Diese High-Tech-Kleingeräte bieten verschiedene Funktionen, einige bieten die Möglichkeit, die Ergebnisse auf einen PC zu übertragen, um die gespeicherten Werte als Kontrolldaten zu verarbeiten. Die Pulsmessgeräte sind eine sinnvolle Hilfe für die Steuerung des professionellen Ausdauertrainings, sie sind bedienungsfreundlich und auch nicht sehr teuer.

Trainingssteuerung

Der festgestellte Pulswert soll dazu dienen, die Dauerläufe im individuellen Rahmen zu halten. Dazu gibt es ebenfalls verschiedene Berechnungsmodelle. Eine sinnvolle Herzfrequenzformel für den Dauerlauf wird hier vorgestellt:

$$THF = RHF + [(220 - \tfrac{1}{2} LA) - RHF] \times \% BI$$

THF: Trainingsherzfrequenz, in diesem Bereich sollte das Training stattfinden

RHF: Ruheherzfrequenz, Pulswert in Ruhe liegend, morgens nach dem Aufwachen und vor dem Aufstehen gemessen

1/2 LA: halbes Lebensalter (beim Radfahren und Schwimmen
ganzes Lebensalter abziehen)

% BI: Belastungsintensität, Bereich,
in dem man sich bewegen will
(s. Orientierungswerte in der
Tabelle unten)

Trainingszustand	BI (Belastungsintensität)
Untrainierte	60 %
Mäßig Trainierte	60–65 %
Freizeitsportler	65–70 %
Leistungs- orientierter Freizeitsportler	70–75 %
Ausdauer- Leistungssportler	75–80 %

Übersicht: Trainingszustand und empfohlene Belastungsintensität im Ausdauerbereich

Praxisbeispiel

Ein mäßig trainierter 18-jähriger Basketballer misst nach dem Aufwachen
seine *Ruheherzfrequenz* (RHF) am
Handgelenk: Er zählt innerhalb von 10
Sekunden bis 11. Das ergibt eine RHF
von 66 Schlägen / Min.

Er berechnet die empfohlene *Belastungsintensität* (BI):

18 : 2 = 9 und 220 – 9 = *211*

Nun setzt er alle Werte in die For-
mel ein:

66 + [(220 – 9) – 66] x 65 % =
160,25

Die *Trainingsherzfrequenz* (THF)
beträgt 160 Schläge / Min.

Der Basketballer startet seinen Lauf.
Gelegentlich kontrolliert er seinen Puls,
auch nachdem der Hund des Nach-
barn ihn ein Stück gejagt hat: Puls
176! Er bemüht sich nun, wieder ruhig
zu laufen, und senkt die Trainingsherzfrequenz wieder Stück für Stück ab.

Tempotabelle
auf der CD-ROM 💿

Auf der CD-ROM befinden sich unter
dem Schwerpunkt Ausdauer zwei Ein-
gabemasken. Wenn die Trainingsherzfrequenz bekannt ist, kann mit ein
paar Eingaben der folgenden Frage
nachgegangen werden:

1. Wie *weit* muss ich in z. B. 30 Minuten laufen, um im Bereich Grundlagenausdauer (50 Prozent), Entwicklungsausdauer (75–80 Prozent) oder
Tempoausdauer (90 Prozent) zu trainieren?
2. Wie *schnell* laufe ich z. B. über
5 km im Bereich Grundlagenausdauer
(50 Prozent), Entwicklungsausdauer
(75–80 Prozent), Tempoausdauer
(90 Prozent)?

Das Programm berechnet aufgrund
der individuellen THF und der jeweiligen Wunschwerte (z. B. Maske 1:
Zeitvorgabe und Belastungsbereich)
die notwendige Laufstrecken- und
Zeitvorgabe. Das Programm kann
zwar keine individuellen Erfahrungs-

werte und Eventualitäten, wie z. B. Wetter, Art und Struktur der Laufstrecke, berücksichtigen, es bietet aber einen Orientierungrahmen für Trainer und ambitionierte Basketballer, die ihr Ausdauertraining nicht dem Zufall überlassen wollen.

Anhang

Inhaltsübersicht der CD-ROM

Körperstabilisation
Basics
Exercises
- Gerader Bauchmuskel
- Schräger Bauchmuskel
- Untere gerade Bauchmuskulatur
- Gerader Rückenstrecker
- Diagonaler Rückenstrecker
- Diagonaler Rückenstrecker

Koordination
Basics
Exercises
- Gerader Lauf über Blocks - Abstand 80 cm
- Sidesteps über Blocks – Abstand 80 cm
- Gerader Lauf über Blocks mit zwei Bodenkontakten – Abstand 120 cm
- Gerader Lauf über Blocks mit einem Bodenkontakt – Abstand 120 cm
- Gerader Lauf über Blocks mit einem Bodenkontakt – Abstand 180 cm
- Hopserlauf über Blocks – Abstand 180 cm

Flexibilität
Basics

Kraft
Basics
Exercises
- Bankdrücken
- Lat-Zug
- Bauchaufzug
- Rückenaufzug
- Seitaufzug
- Rumpfdrehen
- Beinpresse
- Beinbeugeranzug
- Kniebeuge
- Anreißen
- Aufsteigeschritt
- Aufsteigesprung
- Ausfallschritt
- Quatrizeps-Streckung
- Brust rückwärts
- Schrägbankdrücken
- Trizepsübung
- Bizepsanzug
- Seitliches Schulterheben

Sprungkraft
Basics
Exercises
- Hop seitwärts
- Ausfall-Jump
- Beidbeiniger Schnelligkeits-Hop
- Beidbeiniger Kniehock-Jump
- Storchenschritte mit Zusatzgewicht
- Hotsteps
- Einbeiniger Aufsteigeschritt-Jump
- Übersteigeschritt-Jump
- Jump seitwärts – Sprint

Ausdauer
Basics
Check-Center

Literatur

Balk, A.: Krafttraining. Wirbelsäulen-
gerechte Übungen an und mit
Geräten. Niedernhausen 1993

Beuker, F.: Fitness Heute. Standortbe-
stimmungen aus Wissenschaft und
Praxis. Erkrath 1993

Bührle, M.: Dimensionen des Kraftver-
haltens und ihre spezifischen Trainingsmethoden. In: Ders. (Hg.):
Grundlagen des Maximal- und
Schnellkrafttrainings. Schorndorf
1985, 82–11

Calais-German, B.: Anatomie der Bewegung. Technik und Funktion des
Körpers. Dreieich 1994

Ehlenz, H. / M. Grosser / E. Zimmer-
mann: Krafttraining. Grundlagen,
Methoden, Übungen, Trainingspro-
gramme. München 1991

Freiwald, J.: Aufwärmen im Sport,
Übungen für Vorbereitung und
Cool-Down. Hamburg 1991

Grosser, M. / H. Müller: Power Stretch.
Das neue Muskeltraining. München
1990

Hartmann, J. / H. Tünnemann: Das
große Buch der Kraft. Bessere Form
durch Krafttraining. Berlin 1990

Hollmann, W. / W. Hettinger: Sportmedizinische Arbeits- und Trai-
ningsgrundlagen. Schattauer, Stutt-
gart / New York 1980

Jost, J. / M. Dorsch / M. Hettinger:
Sportmedizinische Leistungsdiagnostik im Basketball. TW Sport + Me-
dizin 7, 3, 160 – 168 (1995)

Mende, J.: Körpertraining. Übungs-
programme mit Fitnessgeräten.
Reinbek 1991

Neumann, G. / A. Pfützner / K. Hotten-
rott: Alles unter Kontrolle. Ausdauertraining. Aachen 1996

Radcliff, J. C. / R. C. Farentinos:
Sprungkrafttraining. Aachen 1990

Schürch, P.: Leistungsdiagnostik. Erlangen 1987

Segesser, B. / W. Pförringer / E.
Stüssi / A. Stacoff: Der Schuh im
Sport. Orthopädische und biome-
chanische Grundlagen zur Schuh-
versorgung des Sportlers. Erlangen
1987

Seibert, W.: Perfektes Körpertraining.
Ein Leitfaden für modernes Kraft-

training und Bodybuilding. Oberhaching 1994

Stemper, T.: Effekte des gerätegestützten Fitnesstrainings. Veränderung anthropometrischer, motorischer und physiologischer Parameter durch Training an Fitnessgeräten. Hamburg 1994

Stemper, T. / Wastl, P.: Circuittraining. Funktionelle Übungen und Fitnessprogramme. Niedernhausen 1994

Trunz, E. / J. Freiwald / P. Konrad: Fit durch Muskeltraining. Reinbek 1992

Wastl, P.: Krafttraining. In: Breuker, F. (Hg.): Fitness – Heute, Erkrath 1993

Wessinghage, E. und T.: Laufen. München 1987

Weineck, J.: Sportbiologie. Erlangen 1990

Weineck, J.: Optimales Training. Leistungsphysiologische Trainingslehre. Erlangen 1994

Zintl, F.: Ausdauer-Training. Grundlagen, Methoden, Trainingssteuerung. München 1994

Abbildungsnachweis

S. 34: Hans-Joachim v. Brandes/Winfried Schönberger, Anatomie und Physiologie für Krankenpflegeberufe sowie andere medizinische und pharmazeutische Fachberufe (Abb. A, Seite 28, 8.Aufl.)

Der Autor

Christian Faigle, Jahrgang 1964, ist Diplom-Trainer und Sportphysiothera-peut. Als Athletiktrainer und Sport-physiotherapeut arbeitet er für den Deutschen Basketballbund im Jugend- und Juniorenbereich. Als sportlicher Leiter zweier Multifunktions-Fitness-anlagen verfügt er über Erfahrung im Fitness- und Gesundheitsbereich, in der Prävention und Rehabilitation sowie in der aktiven Betreuung von Profisportlern vieler Sportarten. Er ist Dozent in der Ausbildung von Physio-therapeuten auf dem Gebiet der Trai-nings- und Bewegungslehre und seit vielen Jahren als Referent in der Aus- und Weiterbildung von Trainern tätig. Durch aktives Mountainbiking und als Spinninginstruktor hält er auch in der Praxis den Bezug zur sportlichen Be-wegung aufrecht.